7 ANNI, 5 MESI,
5 GIORNI

Natascia Diomedi
Nicolas Cantoro

7 ANNI, 5 MESI, 5 GIORNI

Il nostro viaggio del cuore verso l'adozione

PIEMME

Tutti i nomi dei personaggi e delle associazioni della storia – ad eccezione di quello degli autori – sono nomi di fantasia.

Pubblicato per

PIEMME

da Mondadori Libri S.p.A.

ISBN 978-88-566-9710-0

I Edizione maggio 2024

Anno 2024-2025-2026 - Edizione 1 2 3 4 5 6 7 8 9 10

Giovedì, 11 febbraio 2021

È una soleggiata, ma freddissima giornata d'inverno; io e Natascia abbiamo deciso di vedere una puntata di *La casa di carta* mentre mangiamo qualcosa durante la pausa pranzo.

Nel bel mezzo dell'episodio, lo smartphone di Natascia vibra.

«È Lucia dell'associazione» mi dice, guardandomi. «Chiede se possiamo fare una videochiamata urgente. Ora.»

L'associazione a cui ci siamo affidati si occupa di tutto l'iter adottivo all'estero e ha il compito (tra gli altri) di trovare l'abbinamento tra la coppia che dà disponibilità all'adozione e il bambino o i bambini che hanno bisogno di una famiglia. Verrebbe da pensare che sia una cosa veloce, considerando il sovraffollamento di case famiglia e orfanotrofi di tutto il mondo, invece, per i motivi più disparati, possono passare anni prima che vada a buon fine. Ecco perché è uno dei momenti più attesi di tutto il percorso.

Metto in pausa il computer e lascio il protagonista a bocca aperta, freezato mentre stava urlando qualcosa, e rispondo: «Dici che hanno un abbinamento?»

«Eh, cos'altro può essere? In realtà faccio fatica a crederci, però...»

Videochiamata. Urgente. Ora.

Rispondiamo di darci cinque minuti e apriamo Skype. *La casa di carta* è ormai un lontano ricordo.

Sullo schermo compaiono i volti sorridenti di Lucia e Roberta, preludio di una buona notizia nell'aria. Ricambiamo, ma presto i nostri sorrisi si trasformano in una risata nervosa.

Senza tanti giri di parole, le ragazze ci dicono che c'è la possibilità di un abbinamento e che, secondo loro, è perfetto per noi. Tre bambini dal Messico: due femmine e un maschietto.

Ci sembra di aver ricevuto una bastonata in testa, ci sentiamo completamente frastornati, non capiamo più niente e il nostro cuore batte all'impazzata tra felicità e paura. Aspettavamo da così tanto tempo questo momento, che adesso non sappiamo cosa dire.

Cominciamo a fare mille domande sui bambini, ma Lucia e Roberta possono rispondere a pochissime. Ci spiegano che, al momento, non hanno altre informazioni e che dovremo attendere l'arrivo degli *Informes*, dei fascicoli contenenti la storia dei bambini, i nomi, la loro condizione fisica e psicologica, le loro abitudini, il loro livello di scolarizzazione, ma anche la parte emotiva e affettiva, quello che amano fare e quello che invece non gradiscono.

Ovviamente, siccome si tratta di informazioni altamente confidenziali, questi documenti vengono resi disponibili solo quando la coppia dà la piena disponibilità al proseguimento dell'adozione e solo dopo un'accurata serie di controlli da parte del Paese di origine dei bambini per valutare l'idoneità della famiglia adottiva.

Quindi, prima di tutto dobbiamo accettare, poi sarà il Messico a doverci (giustamente) valutare.

Infine, Lucia e Roberta ci spiegano che la tempistica è fondamentale e che dobbiamo prendere la nostra decisione entro un'ora. «Ci risentiamo più tardi, rifletteteci bene e seguite sempre il vostro cuore.»

Quando chiudiamo la chiamata, i pensieri si affastellano nella nostra testa.

Un'ora...

Come si può prendere una decisione talmente importante in così poco tempo? Come si può valutare con lucidità una notizia del genere?

Poi, però, un'altra vocina sussurra: «Ma cosa vuoi valutare? Cosa vuoi pensare? Dopo cinque anni da quando abbiamo iniziato tutto l'iter adottivo (era il 2016), il destino ha fatto incrociare la nostra strada con quella di questi tre bambini... e possiamo ignorarlo?»

Dopo venti minuti chiamiamo l'associazione e diamo il nostro sincero ed emozionato SÌ.

Mercoledì, 15 giugno 2022

Oggi, improvvisamente, dopo un anno e mezzo da quel fatidico febbraio 2021, come un fulmine a ciel sereno, arrivano i tanto attesi *Informes*. Che poi, «fulmine a ciel sereno» non è un modo di dire calzante, perché questa attesa infinita è stata tutt'altro che un cielo privo di nubi.

Eh sì, perché nel giro di due settimane da quella famosa chiamata, avevamo inviato tutti i numerosi documenti – planimetrie della casa, controlli medici, fotografie, relazioni psicologiche... – che il Messico avrebbe dovuto controllare e valutare a stretto giro, ma da quel momento siamo rimasti in attesa di una risposta che sembrava non arrivare mai.

Sono stati giorni difficili, in cui tante volte il pensiero di rinunciare ha fatto capolino nelle nostre teste, in cui la stanchezza per questo percorso così lungo e tortuoso ha cercato di avere la meglio. Per fortuna, non è andata così.

Non si può spiegare ciò che si prova quando dicono: «Ragazzi, adotterete tre bambini. È fatta, manca solo l'ufficialità, saranno i vostri figli!» e poi si rimane lì, ad aspettare per giorni, settimane, mesi, anni, sapendo che i bambini ci sono, crescono, vanno a scuola, fanno attività, hanno gusti e preferenze, ma non si conoscono neppure i loro nomi!

E, mentre il tempo scorreva, dal Messico arrivavano solo notizie confuse: scuse assurde, ritardi, problemi, contrattempi, due firme mancanti, di cui una perché non trovavano la chiave dell'ufficio, un operatore statale che improvvisamente cambiava posto di lavoro e, guarda caso, era proprio colui che si stava occupando della nostra pratica!

Ecco, questo è stato il nostro ultimo anno e mezzo. Dodici mesi investiti sognando l'arrivo degli *Informes*, il Santo Graal dei documenti, un report contenente tutto quello che potevamo – almeno in questa prima fase – sapere come genitori adottivi.

Avere tra le mani quei documenti avrebbe dato concretezza a tutto il percorso, i bambini finalmente avrebbero avuto un nome, un'identità. E, soprattutto, avrebbe significato che la partenza per il Messico non era più un miraggio.

Insomma, nel bel mezzo del nulla, a un passo dal dire: «No, Maria, io esco» e mollare tutto, oggi, 15 giugno 2022, riceviamo una nuova telefonata dall'associazione. «Gli *Informes* sono arrivati» dice Lucia.

Restiamo un attimo in silenzio, con il telefono in mano, e cominciamo a ridere come due scemi; con la testa siamo già a Cancún con i bambini, facciamo il bagno nel mare, costruiamo castelli di sabbia…

«Ragazzi, allora vi mandiamo tutto via e-mail, così iniziate a dare un'occhiata.»

La voce di Lucia ci risveglia bruscamente dal sogno.

L'e-mail arriva in un attimo, ma ci mettiamo una vita a stampare tutto: più di cento pagine di informazioni, fotocopie di documenti, situazioni vaccinali, sentenze di tribunali messicani, decreti vari e, soprattutto, un sacco di notizie sui nostri bambini, che finalmente cominciamo a *conoscere* attraverso quei fogli.

Ana Paola (Pao), Marta Beatriz (Betty) e Alejandro Santiago (Santi), così si chiamano, e nella nostra mente già iniziano a prendere forma.

Scopriamo tante cose, per esempio che Pao segue lezioni di piano e ama la musica, che Betty adora ballare e le piace stare al centro dell'attenzione, che Santi fa karate tre volte a settimana. Tutti hanno qualche disturbo del linguaggio, e di ognuno vengono addirittura elencate quali sono le sillabe e le consonanti su cui hanno bisogno di esercitarsi. Notiamo che Santi è quello con più difficoltà.

«Oh, ma il piccoletto non dice bene manco una lettera» commenta Natascia. Ci mettiamo a ridere e ci diciamo che ascoltandolo parlare probabilmente non capiremo nulla; ma va bene, ci lavoreremo su.

Scorrendo i vari documenti, però, ci sembra che alcune informazioni non siano proprio congrue con l'età dei bambini, per esempio l'altezza, il peso, i programmi scolastici frequentati...

Qua e là notiamo anche delle contraddizioni che alla fine confermano, o quantomeno rafforzano, la nostra idea: ci hanno fatto aspettare una vita, ma non hanno avuto nemmeno la premura di aggiornare i documenti prima di inviarli.

E va bene così, siamo talmente contenti di sapere qualcosa, qualsiasi cosa, che ci accontentiamo anche di notizie vecchie.

Poi, in contemporanea, il nostro sguardo va sulla città di nascita dei bambini.

Natascia, in silenzio, posa il dito sul nome.

Come se fosse la scena di un film, i nostri sorrisi scompaiono e ci guardiamo negli occhi.

Okay, stop, ci vuole un flashback.

Qualche mese prima, in mezzo al silenzio di tomba e alla totale assenza di notizie, l'unica nuova informazione ricevuta era che i bambini si trovavano nello Stato di Guanajuato.

«Mai sentito... dove sta?» ci eravamo chiesti.

Poi ci eravamo subito informati su tutto, perché in fondo ci saremmo dovuti trasferire là per un paio di mesi.

E avevamo scoperto uno Stato molto bello, con un clima gradevole e città stupende.

Così, avevamo iniziato a chiederci in quale saremmo capitati. Magari nella caratteristica città di Guanajuato, con le sue casette colorate, o nella bella Irapuato, o nel polo metropolitano di León, oppure nella meravigliosa San Miguel de Allende, uno dei siti turistici più importanti di tutto il Messico.

«Oh, ma sai che vivere a San Miguel non sarebbe mica male?»

«Forse io preferisco Dolores Hidalgo, pensa che bello passeggiare qui coi bimbi!»

Poi, dopo aver «conosciuto» le principali città, eravamo passati a controllare le condizioni di sicurezza del Paese.

L'articolo che stavamo leggendo e che avevamo preso come fonte diceva che negli ultimi anni nello Stato di Guanajuato si erano registrati casi di violenza e criminalità senza precedenti, poi correggeva un po' il tiro spiegando che il problema però era circoscritto a una città chiamata Celaya.

Cercando qualcosa in più su Celaya, avevamo appurato che la situazione era davvero fuori controllo: sparatorie quotidiane, esecuzioni, irruzioni con omicidi in locali pubblici e rapimenti le avevano conferito nel 2021, e per il quarto anno consecutivo, il poco invidiabile titolo di «Città più pericolosa del mondo». Se fosse stato custodito in una teca, sarebbe stato posizionato accanto a quello di «Città con il più alto numero di omicidi per abitante», altro «premio» di cui il comune poteva «fregiarsi» da tre anni. Un incubo.

«Vabbè, adesso non fasciamoci la testa. Dai, onestamente, 'sto Guanajuato è grande come Lazio e Toscana messe insieme e i problemi grossi sono principalmente qui, in questa Celaya... o come si chiama. Quante probabilità ci sono che la città in cui abitano i bambini sia proprio questa?!»

Ecco perché restiamo di sasso quando ci accorgiamo che in cima a ogni singola pagina di questi *Informes* campeggia la scritta ESTADO DE GUANAJUATO - MUNICIPIO DE CELAYA.

Celaya, la città più pericolosa del mondo.

Venerdì, 2 settembre 2022

Dall'arrivo degli *Informes* tutto tace.

Secondo le procedure, dopo la ricezione dei documenti, saremmo dovuti partire per il Messico, invece siamo ancora qua e sono riprese le buone vecchie abitudini: ritardi, scuse, giustificazioni assurde.

Inoltre, per qualche imprecisato motivo, dal Messico non ci vogliono mandare le foto dei bambini. Quando chiediamo spiegazioni, ci rispondono che è per la privacy, oppure che è una decisione della casa famiglia o ancora che lo Stato di Guanajuato lo vieta. Quale sia la verità, nessuno lo sa.

Conosciamo gli *Informes* a memoria, li abbiamo letti e riletti così tante volte che quasi ci sembra di conoscere Pao, Betty e Santi.

Bambini che finalmente hanno nomi, bambini con una storia

da raccontare, che partecipano ad attività extrascolastiche, che hanno delle personalità, e anche dei problemi che risolveremo insieme. Bambini, però, senza volto perché, nonostante sia stato ufficializzato l'abbinamento, qualcuno ha deciso che non li possiamo vedere.

Ed ecco che oggi mi trovo qui a scrivere questo diario, raccontando tre mesi di nulla. Magari le mie parole ci stanno tutte su una pagina: basta premere invio e lasciare una riga vuota. Nella realtà, quella riga vuota è un nulla pieno di delusioni, frustrazione, amarezza, impotenza.

Mercoledì, 2 novembre 2022

Ancora niente di niente. Solo storie di improbabili imprevisti e inverosimili inconvenienti a cui non facciamo nemmeno più finta di credere.

Le notizie che filtrano dal Messico sono le solite: una volta manca personale, un'altra è festa, un'altra ancora è scoppiata un'epidemia nell'ente che si occupa di adozioni e sono tutti malati.

In realtà non sappiamo neanche a chi dare la colpa. Il Municipio di Celaya? Lo Stato di Guanajuato? Un lavoratore incompetente? Un impiegato statale pigro? E chi lo sa!

L'unica cosa che sappiamo è che oggi, 2 novembre, la nostra bambina più grande compie gli anni.

Un giorno importante, che lei non potrà passare nella casa che da mesi è pronta ad accoglierla, con genitori che lo sono da anni.

Quando abbiamo iniziato questo percorso, ormai sei anni fa, tantissimi professionisti, enti e psicologi ci hanno detto migliaia di volte che «si fa per il bene dei bambini».

In alcuni casi, anche con un tocco di arroganza, del tipo: «Guardate che non siamo qui per soddisfare la vostra voglia di diventare genitori, tutto si fa per il bene dei bambini».

Ottimo, anche noi non siamo qui per soddisfare un nostro bisogno, ma per accogliere dei piccoli. Siamo pronti da anni, dov'è il tanto conclamato «bene dei bambini»? Lasciarli in casa famiglia per mesi, mentre è tutto pronto perché inizino una nuova vita, è per il «bene dei bambini»? Ritardare tutto questo per ridicoli cavilli, errorini e cazzatine – e tutti dovuti a pigrizia, incompetenza e burocrazia – è fare il «bene dei bambini»?

Riusciremo a partire per il Messico o quei tre bambini passeranno anche il Natale, l'ennesimo, in una casa famiglia quando potrebbero stare con i loro genitori adottivi?

Mercoledì, 23 novembre 2022

Finalmente abbiamo una data fissata per la videochiamata con il Messico.

«Vi va bene farla la prossima settimana, il 30 novembre?» ci chiedono quelli dell'associazione con una telefonata.

Con la simpatia di una puntura di calabrone rispondo: «Ci facciamo andare bene tutto, come da anni a questa parte, basta che si muova qualcosa».

«Sì, stavolta dovrebbe essere tutto pronto, e quel giorno dovremo avere delle risposte concrete su domande che da tempo ci facciamo.»

Motivati da questa risposta, iniziamo a buttare giù un elenco di domande insieme a Lucia e Roberta: data di partenza per il Messico, chiarezza sulle tempistiche di permanenza, possibilità di soggiornare in un municipio diverso da Celaya, vista l'ondata di violenza che ha colpito la città nei giorni scorsi – nell'ultimo weekend si sono verificati attacchi anche a bar e locali e si contano undici morti innocenti –, richiesta di poter ricevere le foto dei bambini. Insistiamo su quest'ultimo punto perché davvero non capiamo come mai, ad abbinamento ormai ufficializzato, continuino a negarcele.

Alla fine cos'è una foto? Per qualcuno forse non è nulla, ma per noi significa molto. Significa dare un volto a ciò che abbiamo immaginato per anni, un raggio di sole in mezzo a questa tempesta.

Martedì, 29 novembre 2022

Domani è il grande giorno in cui avremo finalmente delle risposte, stamattina però l'associazione ci contatta per organizzare una call tra di noi «a mo' di briefing», per «prepararci» a quella dell'indomani con il Messico.

La richiesta ci lascia una brutta sensazione: se abbiamo bisogno di un briefing, significa che la videochiamata non sarà una passeggiata e che nasconde delle insidie.

Il sospetto diventa certezza quando Lucia e Roberta ci spiegano che dovremo stare attenti alle parole e ai toni che useremo, perché da sempre, in questi casi e in molti Paesi, le coppie adottive rischiano di essere viste come il prepotente straniero che arriva in un Paese di cui non conosce niente e si «porta via i bambini» solo perché se lo può permettere.

«Ovviamente, non è sempre così, dipende dalle persone con cui si ha a che fare» ci dicono, ma visto che non le conosciamo, è meglio essere preparati.

Inutile dire che questa telefonata ci genera un po' di ansia e di amarezza. Per quanto ancora dovremo stare sotto la lente di ingrandimento, sottoposti al giudizio di qualcuno? Siamo sotto esame da anni: siamo stati valutati da psicologi, assistenti sociali, dottori, giudici, associazioni, enti, Municipi di tutti i tipi.

«Con chi faremo questa call?» domanda Natascia.

«Ci saremo noi, il nostro referente dal Messico, qualcuno dell'INF di Celaya e qualcuno dalla sede centrale dell'INF di Guanajuato.»

«Che cos'è l'INF?»

«Instituto Nacional de la Familia, l'ente attraverso cui passa tutto. Quasi l'intera pratica verrà portata avanti dall'INF di Celaya, conclusa dall'INF di Guanajuato e certificata dall'INF nazionale, e credo che domani ci sarà un rappresentante per ogni ufficio» dice Roberta.

E va bene, se serve, ci faremo analizzare anche da loro.

A domani.

Mercoledì, 30 novembre 2022

In videochiamata ci sono, oltre a noi, Francisco, avvocato e collaboratore dell'associazione da Città del Messico, Lucia e Roberta da Firenze, Estrella la *procuradora* – e anche tutrice legale dei bambini – e Adriana, la psicologa dell'INF di Celaya, la *licenciada* Guadalupe, l'avvocato Gutierrez dell'INF di Guanajuato e, da Città del Messico, sono collegate altre due persone dell'INF nazionale.

Subito ci mostriamo interessati ai bambini e chiediamo informazioni su di loro: come stanno, se stanno migliorando con quei problemini di linguaggio di cui ci mettevano al corrente negli *Informes*, e così via.

Le risposte arrivano da Estrella che, evidentemente, tra i presenti è quella che conosce meglio i bambini. Tuttavia non sembra molto contenta di fare la nostra conoscenza. Speriamo sia solo un'impressione.

Terminate le nostre domande, passiamo alle loro e, ovviamente, ci bombardano. Rispondiamo a tutti.

Quando la palla torna a noi, chiediamo quanto durerà il nostro soggiorno in Messico, ma nessuno ci risponde. La prendono alla larga, cominciano a parlare di tempi lunghi, burocrazia complessa...

Va bene, visto che non otteniamo una risposta, incalziamo: «Sì, ma nessuno ci sta dicendo quanto tempo dobbiamo restare in Messico, una mezza idea bisogna pur averla!»

Senza dare seguito alla nostra domanda, ci chiedono se abbiamo già fatto il visto che ci consente di stare in Messico per motivi di adozione internazionale.

«Sì» diciamo in coro io e Natascia.

«Quando scade?»

«18 maggio 2023.»

«Bene, se arrivate presto, dovremmo riuscire a fare in tempo prima della scadenza del visto.»

«Cosa?!?!?!»

Ricordiamo loro che non è nemmeno iniziato dicembre e noi di certo non possiamo starcene sei mesi in Messico, che abbiamo lavori, famiglie... in Italia.

Irremovibili, nessuno sa dire quanto staremo in loco. Discutendo sulla faccenda, Estrella, che continua a essere tutto fuorché empatica, ci spiega che molto dipende dai bambini. Quando io e Natascia arriveremo in Messico, ci sarà una prima fase di socializzazione, seguita dalla fase di convivenza. Con la convivenza inizierà anche il procedimento giuridico che terminerà con la sentenza; quest'ultima darà ai genitori adottivi la patria potestà dei bambini. Mentre il procedimento giuridico ha tempi più o meno delineati – tenendo conto che saremo legati alle procedure messicane –, la fase di socializzazione diventa convivenza solo se la tutrice legale e tutto l'INF di Celaya la valutano possibile, e questo accadrà in base alla reazione dei bambini. Quindi lei, ovviamente, non può dirci quanto ci vorrà.

Vorremmo lanciare il computer per terra, invece facciamo un gran respiro e domandiamo se, in base alla sua decennale esperienza, ci può dire, più o meno, di quanto tempo stiamo parlando.

La meravigliosa risposta, condita da un sorriso, è: «Il tempo necessario».

Estrella ci dice chiaro e tondo che la socializzazione può durare due settimane ma anche tre mesi, e ripete: «Dipende dai bambini, e ogni bambino è diverso. Di certo, finché non reputo che si possa passare alla fase successiva, non metto nessuna firma su nessun documento».

Okay, visto che ci sembra irremovibile, domandiamo se possiamo almeno vedere le foto dei bambini.

«No, forse più avanti.»

Molto gentile. Cambiamo di nuovo argomento e spieghiamo che ci siamo informati un po' sulla città e che ci sentiremmo più a nostro agio soggiornando in un altro municipio, magari San Miguel de Allende che è molto bello, più turistico e soprattutto più sicuro.

«No, non possiamo negare che ci siano problemi di criminalità e violenza, ma il centro è sicuro. Starete qui.»

Ottimo. Meglio passare ad altro. Così, chiediamo se possiamo conoscere le taglie dei bambini, magari per portar loro una maglietta o dei pantaloncini.

«I bambini non hanno bisogno di niente, e in ogni caso non sarebbe corretto portare in casa famiglia dei regali solo per alcuni e non per tutti.»

Trovando un ultimo briciolo di pazienza che non sapevo di avere, dico: «Be', non è che pensavamo di arrivare con il sacco di

Babbo Natale e nemmeno di fare dei doni ai bambini davanti a tutti gli altri. Erano proprio due cosine, ma va bene, in caso compreremo qualcosa una volta arrivati in Messico».

A quel punto, stremati dalle risposte negative, chiediamo quando sia il caso di partire per il Messico, per cominciare a organizzare il tutto.

«Tra dieci giorni andrebbe bene» risponde Estrella.

Ci domandiamo se quella donna abbia capito che non dobbiamo organizzare un fine settimana al mare, ma una trasferta di mesi – quanti? – a Celaya, per concludere un'adozione internazionale di tre bambini, mettendo in stand by la nostra vita in Italia.

Le spieghiamo tutto, e restiamo d'accordo che la miglior cosa è partire dopo le feste natalizie, nella prima o seconda settimana di gennaio. La *licenciada* Guadalupe da Guanajuato si trova d'accordo e aggiunge che, arrivando in Messico a gennaio, avremmo cinque mesi a disposizione e dovremmo essere in tempo per fare tutto entro la scadenza del visto.

Che culo!

Quindi ricapitolando, la call ha chiarito i seguenti punti:

1. pensavamo di restare due, massimo tre mesi, invece nessuno ci sa dire con certezza quanto. Se Dio vuole, ce la facciamo in cinque mesi.
2. Pensavamo di poter vedere le foto dei bambini: richiesta respinta.
3. Volevamo avere l'okay per risiedere in un altro comune che non fosse Celaya: bocciata anche questa.
4. Volevamo fare una bella prima impressione: missione fallita.

In effetti, abbiamo la sensazione che ci considerino come i prepotenti stranieri che hanno la presunzione di andare in Messico e diventare genitori da un giorno all'altro.

Che dire, cominciamo bene.

Lunedì, 5 dicembre 2022

Controlliamo i voli: l'idea è di partire subito dopo le feste, il 9 o il 10 gennaio, ma notiamo che i costi sono proibitivi e che iniziano a scendere una settimana dopo. Cominciamo a valutare l'ipotesi di posticipare la partenza al 15 o al 17 gennaio.

Martedì, 6 dicembre 2022

Natascia è al piano di sopra, dove vivono i suoi genitori, mentre io sono di sotto a controllare i voli verso Città del Messico.

A un certo punto, la sento precipitarsi giù per le scale. Entra in casa spalancando la porta: «Estrella ci ha mandato una foto!»

«Cosa?!?!?! Estrella? Quella che non ci poteva vedere?» penso.

«Le foto dei bambini?» chiedo con apprensione.

Natascia si avvicina con le mani tremanti e mi mostra il telefono.

Senza preavviso, Estrella, a cui avevamo lasciato il numero di telefono alla fine della videocall di qualche giorno fa, quella che non ci poteva manco vedere, ci ha mandato una foto dei tre piccoli al parco.

Sono stupendi, tutti e tre. Santi sembra davvero minuscolo: porta i capelli a «leccata di vacca» con la riga di lato, e sul volto ha l'espressione di chi non gliene può fregare di meno della foto. Pao, invece, ha lo sguardo dolce e premuroso, proprio come ci aspettavamo. Betty ci regala un sorriso «paraculo» di quelli che ci fanno pensare: «Ci farà diventare matti».

Finalmente, un anno di attesa, i bambini hanno un meraviglioso, fantastico volto.

Non ci possiamo credere, raccontiamo tutto ad amici e parenti, che ci chiamano subito emozionati.

È un giorno importante, raro, uno di quei giorni che ti dà la benzina per andare avanti, quella botta di energia che ti mancava per affrontare ogni difficoltà.

Mercoledì, 7 dicembre 2022

Ci chiama Lucia e ci dà l'elenco degli esami e dei documenti che dobbiamo produrre al più presto. Una volta preparati, vanno mandati a Vicenza, sede dell'associazione, che li farà tradurre in spagnolo per poi spedirli a Guanajuato.

Nel corso degli anni, li abbiamo preparati varie volte, ma necessitano di essere aggiornati e a questi ne vanno aggiunti altri totalmente nuovi: esami tossicologici, casellario giudiziale, carichi pendenti, certificato di sana e robusta costituzione da parte del medico di base.

Che uno dice: «Dai, in dieci giorni comodi fai tutto». Sì, ma non nel magico mondo dell'adozione internazionale.

Perché in questo universo parallelo diventa tutto una *mission impossible.* Prendiamo, per esempio, gli esami tossicologici... Che ci vuole: vai lì la mattina presto, ti fai fare il prelievo, il giorno dopo ritiri i risultati, invii tutto a chi di dovere. Fine. Nel mondo dell'adozione internazionale, invece, funziona così: il medico di base ti deve fare una impegnativa con un codice particolare per l'esenzione causa adozione, ma non tutti hanno dimestichezza con l'argomento, soprattutto nei piccoli centri abitati, come il nostro, e non è raro che manchi qualche codice o una sigla. Una volta ottenuta l'impegnativa – giusta –, puoi fare il prelievo, ma attenzione, non essendo un semplice esame del sangue, bisogna andare in un centro apposito.

Il giorno seguente, nel nostro caso dalle 11 alle 13, si possono ritirare i risultati, che poi devono essere firmati da un medico legale che abbia la firma depositata in Prefettura, quindi bisogna prendere appuntamento per la prima data disponibile.

Infine, la Prefettura deve apostillare tutto, e anche in questo caso bisogna informarsi sui giorni in cui è disponibile il servizio. Se si è fortunati, si possono ritirare i documenti dopo qualche ora, ma il più delle volte bisogna ritornare il giorno seguente. Se va bene…

Quindi, per esempio, per un semplice documento ci vogliono quattro step, ognuno con le proprie tempistiche e problematiche. E così funziona per ogni certificazione che va presentata.

Va da sé che, mentre Lucia ci elenca tutto quello che dobbiamo produrre, conoscendo ormai bene questo mondo e consci che si stanno avvicinando le feste natalizie, ci cadono le braccia.

Oh, è incredibile come dopo una bella notizia debba arrivarne sempre una che spegne ogni entusiasmo.

Martedì, 13 dicembre 2022

Siamo sul divano di casa, guardando un film, sono le 21.30 circa.

Il telefono di Natascia suona. «È Estrella! Una videochiamata!» esclama.

Una videochiamata? A quest'ora? La guardo perplesso, ma decidiamo di rispondere.

Estrella ci dice che è al parco con i bambini, che le sembrava una buona idea farceli vedere mentre giocano.

È un'ottima idea.

Gira la fotocamera, ed eccoli lì, tutti intenti a giocare insieme, mentre mangiano *churros*.

Poi, a un certo punto, notiamo che la più grande, Pao, comincia a guardare il telefono di Estrella con attenzione. Ha capito qualcosa. Le si avvicina e domanda: «*Son los papàs nuevos?*»

Quando Estrella le risponde di sì, la bambina prende il telefono e ci chiede come stiamo, dove stiamo, quando andremo da loro, poi chiama i due fratelli e ce li «presenta».

Sono tutti molto emozionati, ma, mentre l'attenzione dei più piccoli torna presto sui giochi del parco, Pao ci tempesta di domande.

Vuole vedere la casa, le loro camerette, ci chiede dove sono Kobe, Kiki e Cap, il nostro cagnolino e i due gatti. Li chiama proprio per nome, perché abbiamo mandato loro un album con tantissime foto della loro casa, della loro famiglia e anche dei loro animali. Chissà quante volte hanno guardato e riguardato quelle foto, fantasticando su tutto, così come abbiamo fatto noi mentre leggevamo gli *Informes* su di loro.

Poi «ci porta» a vedere il parco: ci mostra le altalene, gli scivoli, le farfalle, e ci spiega che lei e i suoi fratelli amano andare lì a giocare, poi incontra una delle signore che lavorano nella casa famiglia e ci presenta come i suoi nuovi genitori.

Passiamo quindici minuti parlando con loro, poi ci salutano perché devono tornare alla casa famiglia.

Dall'inizio della videochiamata, ho avuto la prontezza di registrare con il mio telefono tutta la conversazione, perché sono stati quindici minuti importanti, che hanno cambiato tutto.

È stata la prima volta che abbiamo parlato con i nostri bambini.

Mercoledì, 14 dicembre 2022, mattina

Ci scrive Estrella, la tutrice dei bambini. Dopo la sorprendente videochiamata, i nostri rapporti sono cambiati, infatti le abbiamo inviato un messaggio per ringraziarla e lei ci ha risposto cose molto belle. Rispetto alla durezza che ci aveva comunicato la prima volta che le abbiamo parlato, sembra un'altra persona. Meglio così!

Oggi ci scrive che c'è una persona che vorrebbe conoscerci: la presidente del patronato e quindi di Casa Esperanza, la casa famiglia dei nostri bambini. Estrella ci spiega bene che non è una figura con cui avremmo l'obbligo di interagire durante il soggiorno, ma che lei avrebbe voglia di conoscerci e le piacerebbe sapere se questo interesse è corrisposto.

Le diciamo che, ovviamente, per noi tutte le persone che fanno parte della vita dei nostri bambini sono importanti e, a maggior ragione, chi ha fatto tanto per loro.

Rimaniamo d'accordo che la sera stessa faremo una call con la *señora* Laura.

Mercoledì, 14 dicembre 2022, sera

Accettiamo la videochiamata WhatsApp e salutiamo Estrella che, essendo il nostro tramite, deve essere presente alla conversazione. Un attimo dopo, compare anche il volto di Laura, che ci saluta e ci spiega che voleva conoscerci da tanto tempo e che tutti avevano sofferto molto i continui ritardi dovuti a un'assurda burocrazia, sia gli operatori di Casa Esperanza sia i bambini.

«Può capitare che per questi disguidi la famiglia adottiva decida di tagliare i ponti sia con la casa famiglia sia con me o con chiunque si occupa dei bambini, nonostante, o forse proprio per questo, rappresentiamo l'unico punto di riferimento per i piccoli» ci dice.

«Non solo è nostro desiderio conoscere lei e tutte le persone che tanto hanno dato ai nostri bambini, ma ci farebbe piacere mantenere i contatti in futuro» rispondiamo.

Ci sembra la cosa più normale del mondo che i bambini, una volta nella loro nuova casa, vogliano ogni tanto fare una telefonata a una persona a cui hanno voluto bene per molti anni e con cui hanno passato buona parte della loro vita. È il loro passato, la loro storia, che hanno diritto di ricordare, e noi il dovere di rispettare.

Laura è una donna molto bella, simpatica e solare. Parla velocissimo, tanto che è complicato inserirsi nel discorso per poter dire qualcosa, ma ci piace subito, notiamo un feeling particolare e ci dà l'impressione di essere una persona molto sensibile e davvero attenta al bene dei bambini.

Poi ci domanda se abbiamo organizzato la partenza, così le spieghiamo le difficoltà relative alla produzione di alcuni documenti e il fatto che, con il Natale alle porte, i prezzi dei voli sono proibitivi. «Sarebbe meraviglioso passare le festività con i bimbi, ma alla fine stiamo optando per partire intorno alla seconda o terza settimana di gennaio» dice Natascia.

«Okay, e per la casa? Dove pensate di alloggiare?»

«Eh, su questo fronte siamo messi un po' peggio... Abbiamo trovato delle sistemazioni, ma vogliamo valutarne quattro o cinque e poi domandare a Estrella relativamente alle zone. Sappiamo quali sono i quartieri sicuri e ci stiamo muovendo da quelle parti, però ecco, di davvero convincente ancora c'è poco» spiega Natascia.

A questo punto, come un fulmine a ciel sereno (e stavolta la metafora calza!) arriva una proposta che mai e poi mai ci saremmo aspettati, una di quelle che ti lasciano a bocca aperta. Laura ci dice che se non ci offendiamo, se non è un problema per noi, lei ha una casa in vendita nella zona più sicura della città, in un *fraccionamiento cerrado*, una sorta di quartiere chiuso e presidiato giorno e notte da guardie.

Non capiamo se ci sta proponendo di affittarcelo, e siamo incerti se chiederglielo, ma sembra capirlo dalle nostre facce e aggiunge: «*Se lo prestaré sin ningún problema, hasta que la necesiten*». Ve la presto senza problemi, fin quando ne avrete bisogno.

Restiamo senza parole, non sappiamo come ringraziarla, perché qualsiasi risposta ci sembra ridicola al confronto di un gesto così generoso.

Ma non è finita qui... qualche secondo dopo, Laura ci manda il link della casa e ci dice che al momento, poiché in vendita, non è arredata, ma con piacere penserà lei a trovare letti, tavoli, elettrodomestici, divani e tutto l'essenziale per soggiornare il tempo necessario con i nostri tre bambini.

Estrella si commuove e piange senza sosta, la tutrice legale di ghiaccio della prima call è un vecchio ricordo.

Ringraziamo Laura con tutte le parole belle che conosciamo, lei chiede il permesso a Estrella di scambiarci i numeri di telefono, per poterci organizzare. Estrella, che non riesce più a parlare, accenna un «sì» con la testa, poi ci salutiamo tutti molto commossi.

Natascia e io restiamo in silenzio per un minuto buono, ci guardiamo negli occhi, rendendoci conto che in quattro e quattr'otto Laura ci ha risolto un grosso problema, anche dal punto di vista economico.

Poi apriamo il link dell'agenzia immobiliare che ha in carico la vendita della casa di Laura e per la seconda volta rimaniamo a bocca aperta: è grandissima e stupenda! Non vediamo l'ora di conoscere di persona quest'anima meravigliosa.

Venerdì, 16 dicembre 2022

Ormai quasi tutti i documenti sono pronti. Il programma di oggi prevede di ritirare gli esami tossicologici e andare subito dal medico legale per la firma. Fatto questo, non ci resterà che chiamare la Prefettura e prendere appuntamento per apostillarli tutti.

Ci rechiamo al centro prelievi, entriamo, prendiamo la busta con i risultati e, in perfetto orario, saliamo in macchina verso l'ambulatorio del medico legale con cui abbiamo appuntamento. Ma una sensazione strana, il classico sentore che questa storia dei documenti da produrre stia filando troppo liscia e senza alcun intoppo, non ci abbandona.

Ovviamente siamo certi che gli esiti degli esami siano del tutto negativi, ma qualcosa ci dice di aprire la busta e dare un'occhiata.

Apriamo prima i miei: negativi. Per scrupolo controlliamo anche quelli di Natascia: positiva alle benzodiazepine.

All'inizio scoppiamo in una risata, perché è troppo assurdo per essere vero. Poi ci rendiamo conto che non possiamo avanzare una richiesta di adozione con un documento in cui uno dei genitori risulti positivo agli esami tossicologici.

«No, deve esserci un errore, bisogna rifarlo» dico.

«Sì, okay, lo rifaccio, ma come mai l'esame ha dato questo risultato?» ribatte Natascia.

«Hai preso qualche medicina negli ultimi giorni?»

«Non mi viene in mente niente...»

Poi, andando a ritroso con la memoria, ci ricordiamo che, una decina di giorni fa, Natascia, che soffre di una bruttissima forma di colon irritabile, ha avuto delle coliche terribili e ha preso lo Spasmomen, dietro ricetta e consiglio del medico di base.

«Boh, sarà stato quello? Lo Spasmomen? Fammi chiamare il medico» dice.

Eh sì, è proprio stato quello! E, altra bella notizia, probabilmente sarebbe inutile rifare l'esame nei prossimi giorni perché le tracce di benzodiazepine possono restare nell'organismo anche tre settimane.

E ora che si fa? Intanto telefoniamo al medico legale e disdiciamo l'appuntamento per la firma. Poi chiamiamo l'associazione spiegando loro la surreale situazione e, ragionando insieme, decidiamo di chiedere al medico di base un certificato che attesti la patologia di cui soffre Natascia e la sua necessità, in casi di forte dolore, di dover ricorrere a quel determinato farmaco contenente una piccola percentuale di benzodiazepine.

Per fugare ogni dubbio, valutiamo di aggiungere anche una copia della prescrizione del farmaco.

Ovviamente dovremo portare il certificato – quando sarà pronto – e la prescrizione al Comune per la copia conforme, che poi, insieme a tutti gli altri documenti, dovranno essere apostillati.

Insomma, abbiamo aggiunto un nuovo documento da produrre.

Lunedì, 19 dicembre 2022

Oggi abbiamo fatto un'altra videochiamata con i bambini. Pare che abbiano insistito perché avevano voglia di rivederci e mostrarci la loro casa famiglia. Ci chiamano già mamma e papà, è bellissimo. Poi, ci chiedono di nuovo il tour della loro futura casa; noi, ovviamente, non possiamo che acconsentire.

Facciamo però l'errore di non ricordarci che nelle loro camere, al momento, abbiamo parcheggiato i regali di Natale dei nostri nipoti, i loro cuginetti. In particolare, sul letto di Santi si trova una enorme gru giocattolo gialla che attende di essere impacchettata.

Quando ce ne accorgiamo è troppo tardi, Santi l'ha già vista. «Wooooow, quella è per me?» chiede entusiasta.

Noi, presi in contropiede e un po' in imbarazzo, rispondiamo: «Certo che è per te! È tua!»

Non passa mezzo secondo che le bambine prendono il telefono e domandano: «E per noi, c'è qualche regalo di Natale?»

Sudiamo freddo. Io guardo Nati e comincio a farfugliare qualcosa cercando di mantenere il sorriso. «Ma certo che anche per voi c'è un regalo… È che… Adesso, in realtà…» Nel mentre mi guardo intorno e non riesco a vedere niente che possa minimamente sembrare un regalo di Natale per due bambine.

In quel momento Nati, con ritrovato e sorprendente vigore, interviene: «In realtà, sono di sopra, a casa dei nonni, li vado a prendere e ve li mostro!» Ed esce di corsa dalla porta.

Resto con il telefono in mano, dicendo ai bambini che mamma sta per tornare con delle belle sorprese, intanto sento i passi di Natascia che volano sulle scale e penso: «Ma che si sta inventando? Non abbiamo niente di sopra!!!»

Praticamente mi ritrovo a condividere la stessa curiosità dei bambini.

Dopo pochissimi, ma interminabili minuti, vedo Nati ricomparire sulla porta con in mano una decina di peluche di… discutibile bellezza. Li riconosco subito: sono quelli con cui giocava lei da bambina, che i suoi genitori conservano nella sua vecchia cameretta. Lavati e rilavati, senza parlare dell'età che si portano appresso, si vede lontano un chilometro che da almeno vent'anni hanno perso morbidezza e colore, ma almeno Nati ha avuto il buon senso di prendere quelli ancora interi: per fortuna, il gattino rosa senza un occhio e l'unicorno senza corno sono rimasti dov'erano.

Per anni, vedendo quei mostriciattoli sopra il letto, mi sono chiesto come mai non li avessero buttati, e varie volte ho detto a mio suocero: «Ma se li togliamo, non è meglio? Che ci stanno a fare lì?»

La risposta di Pasqualino è stata sempre la stessa: «Non si sa mai».

Vedendo le facce entusiaste delle bambine alla vista di quei peluche, che hanno attraversato decenni in attesa del loro momento, non posso non pensare che, ahimè, Pasqualino aveva ragione.

Mercoledì, 21 dicembre 2022

Oggi abbiamo appuntamento con la Prefettura. Se portiamo tutti i documenti entro le 10 del mattino, possiamo passare a ritirarli dopo le 13.

Muniti di tutti i documenti – alla fine il «Benzodiazepine Gate» l'abbiamo risolto con il certificato del medico di base –, ci rechiamo alla Prefettura di Fermo, li consegniamo e attendiamo le 13 facendo un giretto in un centro commerciale.

Fatto questo, domani spediremo i documenti a Vicenza, e non ci penseremo più.

Adesso la nostra attenzione deve spostarsi su un tema altrettanto importante che abbiamo lasciato in stand by: l'acquisto del volo. Alla fine, dopo giorni di ricerca, abbiamo ridotto tutto a quattro o cinque opzioni, ma in realtà nessuna ci convince davvero.

Giovedì, 22 dicembre 2022

Il piano A è un volo Lufthansa con partenza da Bologna il 10 gennaio, scalo di quattro ore a Berlino e successiva partenza alla volta di Città del Messico.

Il piano B, invece, è un volo Iberia del 13 gennaio, sempre da Bologna con scalo a Madrid di tre ore. Però è un pochino più costoso, ecco perché siamo più orientati verso l'altro.

Essendo comunque incerti, decidiamo di informarci anche nell'agenzia viaggi vicino a casa nostra, per valutare prezzi migliori. In genere, per i nostri viaggi amiamo organizzarci da soli, ma va detto che di solito abbiamo la testa più sgombra e siamo più lucidi, mentre in questo periodo i pensieri sono così tanti che magari qualcosa potrebbe sfuggirci. Restiamo d'accordo di andarci il 24 dicembre, al pomeriggio, visto che siamo liberi dal lavoro e abbiamo più tempo.

Nel frattempo, Laura dal Messico ci avvisa che i bambini – i nostri e tutti quelli della casa famiglia – passeranno la vigilia di Natale a casa sua con la sua famiglia. Nel messaggio ci scrive che sarebbe bello fare una videochiamata, magari verso le 20 ora italiana – corrispondente alle 12 in Messico –, per scambiarci gli auguri.

Natascia risponde che ci sembra una splendida idea.

Sabato, 24 dicembre 2022, pomeriggio

Verso le 17 ci rechiamo negli uffici dell'agenzia viaggi.

Alla ragazza, bravissima, che lavora lì e che conosciamo bene spieghiamo tutto: che sarà – per ora – un viaggio di sola andata, poiché non sappiamo i tempi di soggiorno, che preferiremmo atterrare in mattinata per poterci concedere un paio di giorni di riposo, perché da Città del Messico dovremo fare cinque ore di macchina per arrivare a Celaya. Poi le mostriamo i voli che abbiamo opzionato, per capire se lei può trovare di meglio.

Valutiamo varie soluzioni, a cominciare dagli aeroporti di partenza, come Roma o Bologna. Milano è già troppo lontano e lo eliminiamo dalla lista.

Poi prendiamo in considerazione altre date, perché la ragazza nota che, partendo quattro o cinque giorni dopo, i prezzi scendono sensibilmente.

Ovviamente la voglia di vedere i nostri bambini è tanta, ma effettivamente ritardare di poco la partenza può valere la pena.

Alla fine la ragazza trova un volo davvero interessante. Un Aeroméxico con decollo da Roma, scalo di quattro ore su Parigi e arrivo a Città del Messico all'alba del giorno successivo. Il prezzo è concorrenziale e prevede anche l'imbarco dei bagagli. È la soluzione migliore trovata finora.

Tutto semplice? Tutto fatto?

Eh no, perché nel magico mondo dell'adozione internazionale, niente è mai semplice come sembra. Prima di acquistare il biglietto, dobbiamo avvisare l'associazione, che a sua volta deve contattare il suo referente in Messico, che a sua volta deve darci l'okay.

«Purtroppo dovete decidere in fretta. Tra mezz'ora, alle 19, chiudiamo e riapriamo il 27, ma temo che con questo prezzo il volo non rimarrà disponibile a lungo» ci dice la ragazza dell'agenzia viaggi.

A quel punto, controlliamo sul sito di Aeroméxico, pensando che, nel caso l'approvazione dal Messico non arrivi entro le 19, potremo acquistare i biglietti per i fatti nostri. Ma nel sito, di quel volo e a quel prezzo, nemmeno l'ombra: evidentemente, si tratta di una tariffa speciale riservata alle agenzie.

«Dobbiamo per forza aspettare conferma dal Messico. Può attendere mezz'ora? Poi torniamo per concludere o per annullare la prenotazione» chiede Natascia.

La ragazza annuisce, ma i minuti passano e da Francisco, il referente in Messico, l'associazione non riceve alcuna risposta; del resto, è la vigilia di Natale e c'è pure il fuso orario di mezzo... è facile che non abbia nemmeno visto il messaggio e le chiamate perse.

A pochi minuti dalle 19, chiamiamo l'associazione e decidiamo insieme di acquistare i biglietti senza attendere la conferma di Francisco. Prezzo, condizioni e data sono troppo allettanti per rischiare, Francisco sarebbe sicuramente d'accordo.

Torniamo – è proprio il caso di dirlo – «al volo» in agenzia e acquistiamo i biglietti.

Adesso possiamo dirlo, è ufficiale: il 17 gennaio partiremo per Città del Messico!

Sabato, 24 dicembre 2022, sera

Nonostante l'entusiasmo per i biglietti aerei, l'evento più importante della giornata resta la videochiamata natalizia con i bambini fissata per le 20. Tanto che abbiamo avvisato le nostre famiglie che saremmo arrivati più tardi alla cena della vigilia.

Torniamo di corsa a casa, ci diamo una sistemata – vogliamo sempre apparire belli agli occhi dei nostri figli – e accendiamo il computer.

Ci appare un'immagine bellissima: tutte le bambine di Casa Esperanza sono a tavola insieme alla famiglia di Laura, composta dalla figlia, dalla sorella e dai rispettivi mariti, figli e nipoti.

Laura ci piace sempre di più, ci sembra una persona di cuore e genuina.

Lei ci saluta e passa subito il telefono ai bambini; Pao ci presenta tutte le «sorelle di cuore».

Poi Pao ci chiede quando arriveremo in Messico, e noi rispondiamo con il solito: «*Muy pronto, mi amor*», ma lei ci sorprende ricordandoci che anche l'ultima volta le avevamo detto la stessa cosa.

Parliamo un pochino con Pao, Betty e Santi, ma a un certo punto capiamo che deve essere arrivato il cibo in tavola, perché l'attenzione di tutti, Santi *in primis*, si perde completamente. È il momento di augurare buon Natale e chiudere la chiamata.

Nonostante sia sempre stupendo parlare con i nostri bambini, questa call ci lascia una sensazione agrodolce. Perché abbiamo visto con i nostri occhi che per tre bambini che se ne vanno verso un mondo migliore, ce ne sono altri dieci che rimangono, ognuno con la propria storia, il proprio passato e il proprio futuro. Chissà di quei dieci quanti troveranno una famiglia? E quante realtà come questa ci sono in tutto il Messico? E in tutto il mondo? E quante peggiori di questa?

Capiamo che, per quanto stiamo facendo del bene a queste tre creature, il nostro apporto è una goccia nel mare. Ci poniamo le solite, banali, trite e ritrite domande, solo che oggi sono cariche di concretezza, pregne di consistenza. Perché ci vuole così tanto per un'adozione? Perché si lascia che i bambini crescano in case famiglia e orfanotrofi? Perché si sfiancano le famiglie che vogliono adottare con attese infinite e richieste assurde che non fanno altro che farle desistere e abbandonare?

Ci prepariamo e usciamo. Nel frattempo è arrivato l'okay da Francisco per il giorno della partenza, dovremmo essere felici ma questa videochiamata ci lascia un sapore amaro in bocca.

Mercoledì, 29 dicembre 2022

Sono giorni tosti sia a livello emozionale, perché finalmente dopo anni siamo davvero vicini alla partenza, sia a livello fisico, perché dobbiamo organizzare vita privata e vita professionale pensando a un'assenza di parecchi mesi. Alcuni appuntamenti li abbiamo dovuti cancellare, altri spostare, altri ancora affidarli a collaboratori.

Natascia lavora nel digitale e si occupa soprattutto del settore viaggi e turismo. Fa ridere il fatto che, proprio in questi giorni, si stia sbloccando un grosso progetto legato al turismo del vino nelle nostre amate Marche. Natascia ci ha investito tanto tempo, ma solo ora – ovviamente – sembra arrivato a un punto di svolta. Per fortuna, i suoi collaboratori si occuperanno di tutto, però, finché siamo in Italia, passiamo il tempo in call per curare gli ultimi dettagli.

Quando pensiamo al viaggio, ci sentiamo come se fosse tutto pronto, ma mancasse da fare tutto. Siamo anche poco lucidi, dobbiamo ammetterlo, e ogni sera dobbiamo radunare le idee e fare il punto della situazione.

Martedì, 4 gennaio 2023

Un altro aspetto da gestire, che magari a leggerlo sembra semplice, è avvisare le persone.

Mi spiego meglio. Per anni io e Natascia abbiamo mantenuto completo riserbo sulla questione adozione: molti amici e parenti stretti non erano al corrente che avessimo intrapreso questa strada, volevamo aspettare che ci fosse concretezza, che fosse «quasi fatta», per rendere pubblica questa nostra decisione. Per quanto davvero ci sia dispiaciuto tenere all'oscuro tanta gente a cui vogliamo bene e che ce ne vuole, è una scelta che rifaremmo, perché abbiamo evitato situazioni di imbarazzo per gli altri e anche per noi.

Perché è un iter tanto lungo quanto incerto, pieno di momenti vuoti e di stop, in cui l'unica risposta alla domanda «Allora, con l'adozione come va?» è «Non lo so».

È simile a: «Allora quando fate un figlio?» o «Allora quando vi sposate?» Fa male, apre una ferita, crea quella situazione di silenzioso imbarazzo in cui tutti abbassano gli occhi e fingono di fare altro aspettando che quel momento passi in fretta.

Crediamo che la nostra scelta sia stata giusta, ma sapevamo che prima o poi avrebbe avuto dei lati negativi, perché a un certo punto devi sganciare la bomba… e allora parte il caos.

A dicembre, subito dopo aver fatto quella prima call con Estrella, abbiamo capito che era "quasi fatta" e che era il caso di avvisare amici, parenti, collaboratori.

Ovviamente sapevamo che una frase tipo: «Ragazzi, adottiamo tre bambini, e a metà gennaio andiamo in Messico per quattro o sei mesi» avrebbe generato una raffica di domande.

E oggi tutti vogliono – giustamente – saperne di più, vogliono – giustamente – incontrarci per avere il racconto dettagliato, vogliono – giustamente – vederci prima della partenza. E, diciamoci la verità, glielo dobbiamo.

Così, tra mille impegni, lavori da ultimare, documenti da produrre stiamo cercando di ritagliare il tempo che tutti i nostri cari meritano, perché l'affetto incondizionato della gente che ti vuole bene è energia pura per noi.

E ce ne servirà tanta!

Sabato, 7 gennaio 2023

Mancano solo dieci giorni alla partenza e, finalmente, abbiamo avuto il numero di Francisco. Di comune accordo con l'associazione, si è valutato che era inutile triangolare le informazioni: in fondo lui è il nostro referente in Messico, tanto vale scambiarci già i contatti e cominciare a organizzarci in vista dell'arrivo imminente.

Chiamo Francisco e gli spiego che partiremo il 17 da Roma e arriveremo a Città del Messico alle 4 di mattina del 18. Città del Messico, ovviamente, non è la nostra destinazione finale: per arrivare a Celaya ci vorranno altre cinque ore di auto. Ma, dopo un viaggio aereo così lungo e pesante, pernotteremo in un hotel di Città del Messico e ci vedremo con Francisco solo il giorno dopo, la mattina del 19, per poi partire in direzione di Celaya.

Francisco ci propone di sfruttare il giorno successivo, venerdì 20, per andare a San Miguel de Allende, che dista un'ora da Celaya, all'ufficio Immigrazione.

Infatti, la prima incombenza che dobbiamo svolgere è integrare il nostro visto per adozione internazionale con un documento che funge da carta d'identità e che ci consentirà di risiedere in Messico regolarmente per tutto il tempo che l'iter di adozione richiede, allungando la scadenza del visto, che al momento è datata 18 maggio 2023.

Questa integrazione va fatta entro e non oltre trenta giorni dall'ingresso in Messico.

Decidiamo che è una buona idea andarci il più presto possibile, e così i primi tre giorni in Messico si sono riempiti di impegni. Cominciamo bene!

Lunedì, 9 gennaio 2023

Con oggi entriamo nella nostra ultima settimana in Italia. Mancano ancora dei dettagli, ma a questo punto ci siamo. Abbiamo deciso di lavorare fino a sabato, poi nel pomeriggio ci verranno a trovare degli amici che, abitando lontano, tra Milano, Parma e Roma non abbiamo avuto modo di incontrare in questo periodo. Non li vediamo da tanto e non li vedremo per parecchio, quindi abbiamo deciso di riunirci tutti qui, nelle Marche, per qualche ora in compagnia. Non vediamo l'ora di abbracciarli.

Venerdì, 13 gennaio 2023

La prima coppia di amici, Andrea e Valentina, è arrivata in serata, e abbiamo passato qualche ora tra risate, baci e abbracci. Stanotte dormiranno da noi, poi domani, insieme agli altri, alloggeranno in un appartamento a un passo da casa nostra. Ci sarebbe piaciuto ospitarli tutti e, anzi, all'inizio l'idea era proprio questa, salvo poi renderci conto che a poche ore dalla partenza non era la scelta migliore.

Ma loro l'hanno capito prima di noi… Abbiamo degli amici decisamente saggi!

Sabato, 14 gennaio 2023

È il nostro ultimo giorno di lavoro, chiudiamo baracca e burattini convinti di aver organizzato una buona, chiamiamola così, *exit strategy*, e che tutto andrà bene anche in nostra assenza. Non smetteremo mai di ringraziare le persone che si faranno in quattro per permettere alle nostre attività di andare avanti per qualche mese senza di noi. Oggi non possiamo che pensare a quanto le nostre famiglie si stiano spendendo – e si spenderanno – per noi.

A proposito di famiglie, Fabricio, mio fratello, continua a chiedermi se ci possiamo vedere per una cena in famiglia. In realtà, l'abbiamo già fatta qualche sera fa, ma per Fabricio, Mr. Family, i raduni familiari non sono mai troppi.

Gli rispondo che non lo so, probabilmente un'altra cena non si riuscirà a fare, ma sicuramente passeremo a salutare. «Non sappiamo se a pranzo, a cena, o quando, ma ci saluteremo, stai tranquillo!»

«Stasera?»

Ammazza oh... «No, stasera no, ti ho detto che abbiamo ospiti che vengono da fuori.»

«Ah sì, giusto... Sennò domani a pranzo!»

«Fabri, 'sti ragazzi vengono da Milano, Roma e Parma... Arrivano stasera, mi fai stare qualche ora con loro? Dai vediamo, tra domani e lunedì passiamo.»

«Okay...»

Natascia ha trascorso la mattina con Vale e Andre dai nostri cavalli e sono tornati a casa giusto per pranzare insieme. Dopo pranzo, andiamo diretti a portare le valigie nella casa dove soggiorneranno con gli altri ragazzi.

A metà pomeriggio arrivano anche Simone ed Elisa, e più tardi ci raggiungono Benny e Silvia.

Ora siamo al completo.

Verso le 19, i nostri amici ci fanno sedere sul divano, annunciandoci una sorpresa. Va detto che io e Natascia abbiamo organizzato gli addii al celibato e al nubilato di tutti loro e siamo stati particolarmente «cattivi», sottoponendoli a sfide e prove imbarazzanti. Fino a oggi abbiamo sempre pensato di essere al sicuro da rivalse, in quanto già sposati da un pezzo.

E invece ci sbagliavamo...

«Ragazzi, ho quarant'anni, non mi posso mettere a fare il pagliaccio in giro per la città! Tra l'altro ci conoscono tutti, non fateci fare figure di merda, per favore!!!» provo a implorare.

«Non potete rifiutarvi, dovete stare zitti e fare tutto ciò che vi diremo» ci rispondono con la stessa «severità» che abbiamo usato con loro ai tempi.

Usciamo e ci fanno aprire uno scatolone con parrucche, sombreri, baffi, una chitarrina giocattolo e delle maracas. Si prospetta una bella serata a tema Messico. Oddio.

Obbligati a indossare parrucca e sombrero, ci costringono a fermare dei passanti e chiedere loro di recitare uno scioglilingua in spagnolo o cantare *La Bamba*, il tutto in pieno centro... E, visto che è sabato sera, le strade sono affollatissime.

Poi ci dicono che dobbiamo cambiare location e ci fanno salire in macchina non prima di averci bendati per bene. Nati inizia a brontolare che ha la nausea, ma i «rapitori» non si fanno intenerire e tirano dritto.

Dopo circa quindici minuti, ci fermiamo e, sempre doverosamente bendati, scendiamo dalla macchina appoggiati ai nostri amici.

«Okay, ora c'è uno scalino, adesso fermati. Vai, aspetta.»

Stiamo entrando in un ristorante, si direbbe dai rumori e dagli odori. Sentiamo anche risatine e parole dette sottovoce. *Ma dove siamo?*

Quando ci tolgono le bende, io e Nati scoppiamo di emozione!

Davanti ai nostri occhi ci sono tutti i nostri amici più cari e le nostre famiglie! Tre tavolate piene di occhi e sorrisi conosciuti, che sono venuti qui a passare una serata con noi e a salutarci. Non riusciamo a spiccicare una parola. Vediamo Fabricio – che finalmente realizza il suo sogno di stare tutti insieme a cena – che ci aveva depistati insistendo sul vederci la sera stessa. Vediamo i nostri amici, con cui ci eravamo messaggiati fino a qualche minuto fa e che facevano i finti tonti!

Siamo così confusi e felici che rimaniamo immobili senza salutare nessuno, poi ci giriamo verso Simone, Elisa, Andre, Vale, Benny e Sissi e in coro chiediamo loro: «Ma come avete fatto?»

La serata è stupenda: passiamo da un tavolo all'altro a salutare e ringraziare di cuore chiunque. Riusciamo a mangiare forse una fetta di pizza a testa, tante sono le persone che sono lì per noi, ma l'ultima cosa a cui pensiamo è il cibo, non abbiamo neanche fame. Siamo solo immensamente grati di avere tanta gente che ci vuole bene, che non perde occasione per dimostrarcelo ogni volta.

La serata vola, si fa tardi in un attimo ed è ora di salutare tutti.

Pianti. Abbracci. Baci. Grazie.

Lunedì, 16 gennaio 2023

Sono le 23 e la partenza è fissata per domattina alle 10, direzione Roma. Ricontrolliamo tutto: le valigie sono chiuse, pare tutto okay.

È una data importante, perché è l'ultima notte a casa prima della partenza, ma non solo... è anche l'ultima in cui questa casa sarà abitata da due persone. La prossima volta che dormiremo qui, le camere dei bambini saranno occupate, incasinate, vive. Saremo in cinque.

La prossima volta che dormiremo qui, dovremo passare prima per quelle camere a raccontare favole e a dare baci della buonanotte.

Questo silenzio e questa pace non ci saranno più, la prossima volta che dormiremo qui.

Sono pensieri che stanotte non ci faranno chiudere occhio, perché si sommeranno ai dubbi che da settimane ci assillano e che, appena abbassiamo la guardia, si trasformano in tormenti.

Saremo all'altezza? Ce la faremo? Abbiamo fatto bene? Siamo davvero forti come crediamo?

Martedì, 17 gennaio 2023

Ore 10, usciamo di casa. In testa e nel cuore tante emozioni di vario tipo, molte anche non traducibili a parole. Il nostro volo decolla alle 17, ma vogliamo partire con calma, fermarci a mangiare e arrivare con comodo in aeroporto: dobbiamo imbarcare le valigie e ci aspetta un lungo viaggio.

Effettivamente, alle 14 siamo già a Fiumicino, e al nostro primo volo, Roma-Parigi, manca ancora un po'. Salutiamo i genitori di Natascia che ci hanno accompagnato e andiamo alla ricerca del gate; inoltre abbiamo una call per quel bel progetto sul vino che probabilmente inizierà mentre noi saremo ancora dall'altra parte dell'oceano, ma per il quale vanno sistemati gli ultimi dettagli.

Inutile dire quanto sia comodo fare una call in aeroporto…

In perfetto orario ci imbarchiamo e partiamo.

Alle 19 atterriamo a Parigi, ma il volo «vero», quello lungo, parte tra qualche ora e ci rilassiamo in aeroporto, mangiando i panini che ci siamo portati da casa.

Finalmente alle 23, per fortuna senza ritardi, allacciamo le cinture e prendiamo il volo.

È fatta: ci risveglieremo a Città del Messico.

Mercoledì, 18 gennaio 2023

Dopo anni di attesa, inizia ufficialmente la nostra avventura messicana. All'alba, infatti, atterriamo all'aeroporto di Città del Messico e siamo già stanchi morti. Siccome ce lo immaginavamo, abbiamo prenotato un hotel per due notti, quella del 17, che sapevamo non avremmo sfruttato, oltre che quella del 18. In questo modo potremmo usufruire della camera già dalle 5-6 del mattino, orario che abbiamo ipotizzato plausibile, sapendo di atterrare alle 4.

Scendiamo dall'aereo eccitati, ma, dopo pochi passi, ci fermiamo in fila davanti a una porta chiusa. Un funzionario chiede a chi ha una coincidenza di passare dall'altra parte. Noi, invece, restiamo lì. *Okay, adesso aprirà, dai.*

Passa mezz'ora e non si muove una foglia.

Dopo altri dieci minuti, il tipo ci fa passare e, superata quella porta, ci troviamo davanti una marea umana, disposta in fila a formare una serpentina strettissima, che si affolla davanti agli spot per il controllo dei passaporti.

Un altro funzionario zittisce il brusio, catturando l'attenzione di tutti. «Al momento l'aeroporto ha calcolato l'arrivo di milleseicento persone, che sono in fila per il controllo passaporti. Chi ha coincidenze vada di là; chi ha famiglie con bambini piccoli di qua: chi ha passaporto messicano laggiù; chi ha passaporto diplomatico sempre là.»

«Scusi, noi abbiamo un visto per adozione internazionale» provo a dirgli.

Dal suo sguardo capisco che non gliene può fregare di meno, e ci fa rimanere nel maxigruppo di quelli che usciranno dall'aeroporto… tra un'eternità.

La fila scorre con una lentezza mai vista e passano ore. E non è un modo di dire, passano davvero le ore: sono le 9.45 e siamo ancora in coda per il controllo, con sonno e fame da vendere.

Quando arriva il nostro turno, abbiamo problemi anche allo sportello del check-out.

«Ah, visto per adozione internazionale. Siete qui per adottare?» chiede il tizio.

No, abbiamo fatto il visto per adozione solo per vedere che si prova.

«Eh, sì»

«Eeehhh…» sospira, facendoci cadere le braccia. Poi si alza, va da una collega, le fa vedere i nostri passaporti e lei gli indica un punto laggiù in fondo alla stanza. È lì che deve andare e lui ci va, cammina e sparisce dalla nostra vista. Aspettiamo.

Dopo una decina di minuti, torna. «Dai, adesso ci manda via» pensiamo. E invece no, ci guarda e ci riguarda più volte, scrive qualcosa sul computer, bofonchia qualche parola, timbra, firma, poi va di nuovo dalla collega, ritorna da noi, controlla il computer e, finalmente, alle 10.30 del mattino, dopo sei ore dall'atterraggio, ci consegna i passaporti.

Benvenuti in Messico!

Raggiungiamo il centro della città alle 11, dopo aver preso un taxi dall'aeroporto. Nonostante fossimo d'accordo di andare subito a dormire, una volta sistemate le valigie, Natascia insiste che non possiamo sprecare l'unico giorno a Città del Messico chiusi in hotel.

Come al solito, concordiamo che sia un'ottima idea uscire, goderci la città sfruttando le ultime briciole di energia rimaste e poi, a un passo dalla morte, eventualmente, tornare in albergo.

E così facciamo. Giriamo un po', mangiamo qualcosa, in preda all'euforia camminiamo come pellegrini, ma verso le 16 capiamo che è il caso di tornare in albergo a riposare un po'. Lungo il tragitto, telefoniamo a Francisco perché ci venga a prendere in hotel alle 10 del giorno seguente, per poi partire in direzione Celaya.

Entrati in albergo, chiediamo alla ragazza della reception l'orario della colazione e del check-out. Ci risponde che la colazione va dalle 7 alle 10, ma anche 10.30 o 11, e che dobbiamo liberare la camera entro le 11, ma anche 12 o 12.30… Che bella l'America Latina!!!

Prima di cadere tra le braccia di Morfeo, arriva un inquietante messaggio da parte di Laura: *Ciao, ragazzi, allora che si sa? Sapete quando arriverete? Avete già una data?*

«Una data? Forse è un modo messicano per riferirsi all'orario?» mi chiede Nati.

Nelle ultime settimane abbiamo ripetuto mille volte a Estrella date e orari dei nostri spostamenti e, ovviamente, eravamo sicuri che lei ne avesse parlato con Laura, che doveva preparare la casa per noi…

«Mmm… qualcosa non va… Questo messaggio non mi piace, è come se Laura non fosse al corrente che stiamo per arrivare» dice Nati con tono preoccupato.

Io, ovviamente, le do dell'esagerata: «Ma dai, ma figurati se non lo sa! Stai tranquilla!»

Natascia risponde a Laura che raggiungeremo Celaya l'indomani, intorno alle 18, e nel dubbio scrive anche a Estrella lo stesso messaggio in modo che lo sappiano tutti.

Controlliamo le spunte: sono blu sia quelle di Laura sia quelle di Estrella, e quest'ultima ci risponde di avvisarla quando saremo in partenza perché non vede l'ora di venirci a dare il benvenuto a Celaya.

Giovedì, 19 gennaio 2023

Ci svegliamo molto presto dopo una dormita colossale, e decidiamo di fare un'ultima passeggiata prima di tornare in hotel alle 10, ora di ritrovo con Francisco.

Scendiamo in reception, facciamo il check-out e chiediamo se possono custodirci i bagagli fino al nostro rientro. Ovviamente non c'è nessun problema, così usciamo e ci godiamo una Città del Messico ancora vuota e assonnata.

Alle 10 in punto torniamo in hotel, recuperiamo le valigie aspettando l'arrivo di Francisco. E infatti arriva, ma sotto forma di telefonata.

«Siamo un pelo in ritardo, saremo lì tra un paio d'ore.»

«Dobbiamo abituarci alle tempistiche messicane» dice Nati ridendo. «Se il check-out si può fare anche un'ora e mezza dopo, significa che due ore sono "un pelo" di ritardo.»

Torniamo dalla ragazza della reception, le lasciamo di nuovo le valigie in custodia e ci lanciamo in un altro giretto per la città.

A mezzogiorno arriva Francisco e scopriamo che è un omone di un metro e ottantacinque per un centinaio abbondante di chilogrammi. Piuttosto abbondante. Ha lo sguardo di una persona buona e un sorriso contagioso, ci piace subito. Ci presenta la fidanzata, Luz, spiegandoci che sarà parte del «team di viaggio» per Celaya, poi sistemiamo le valigie nel bagagliaio e sul portapacchi gigante e partiamo.

In un paio di occasioni provo a chiamare Estrella, ma non risponde. L'ultimo contatto con lei l'abbiamo avuto stamattina alle 6 per comunicarle che l'avremmo chiamata quando saremmo partiti. Lei aveva risposto *ok*.

Anche Francisco prova a contattarla, ma squilla a vuoto.

«Avrà da fare, la richiameremo quando mancherà un'oretta all'arrivo» dico.

Ci mettiamo una vita a uscire dal traffico di Città del Messico, ma la compagnia è piacevole e il viaggio scorre tranquillo.

Quando Francisco ci avvisa che manca poco, riprovo a chiamare Estrella. Ancora niente. La cosa comincia a sembrarci strana...

Nel frattempo ci arriva un messaggio da parte di un numero sconosciuto.

Ciao, piacere sono Adriana, la psicologa dell'INF. Per qualsiasi cosa sono a disposizione, potete rivolgervi senza problemi a me.

Penso: «Okay, piacere mio... Tanto ci vediamo tra poco, però va bene, abbiamo anche il tuo numero».

Visto che di Estrella abbiamo perso le tracce, decidiamo di chiamare qualcun altro. Tra Laura e la psicologa, nostro nuovo contatto, la scelta cade sulla prima, visto che la conosciamo e che è avvisata del nostro arrivo a Celaya.

«Ciao, Laura! Saremo lì tra quarantacinque minuti circa.»

«Benissimo! Non vedo l'ora di conoscervi.»

Verso le 18 raggiungiamo Celaya e, pochi minuti dopo, entriamo nel *fraccionamiento* in cui si trova la casa di Laura. Il posto ci fa davvero un bell'effetto: molto elegante, molto curato, con un parco, una piscina e una guardiola di sicurezza all'ingresso. È una zona residenziale piccola e circondata da mura e filo spinato, con la polizia che ti controlla i documenti al cancello... Certo, è un concetto a cui in Italia non siamo abituati, ma è sicuramente un bel posto.

Troviamo subito la nostra via e parcheggiamo davanti a una bellissima casa. Suoniamo e ad aprirci la porta arriva una bella signora ben vestita e curata nell'aspetto e nei modi.

È proprio la «nostra» Laura. Siamo piuttosto emozionati e la ringraziamo subito per tutto quello che sta facendo per noi. Ogni parola è superflua, ma lei sembra capire e fa un cenno a mezz'aria con la mano come a dire: «In realtà non sto facendo niente di che», poi ci invita a entrare. Anche all'interno la casa è magnifica e arredata di tutto punto, ma ciò che colpisce la nostra attenzione è una foto posizionata all'ingresso: raffigura i nostri tre bambini. Accanto c'è un mazzo di fiori profumati e colorati. Laura ha pensato a tutto.

«Ma Laura, sapevamo che l'avresti arredata per l'occasione, ma non immaginavamo in questo modo!» esclamo allibito.

Lei annuisce e sorride.

Io e Nati ci guardiamo negli occhi, ed è evidente che stiamo entrambi pensando alla fortuna sfacciata che abbiamo avuto nell'incontrare una persona così altruista e gentile da prestarci la propria casa per un numero imprecisato di mesi.

«Laura, non sappiamo come sdebitarci» continuo.

«Quello che state facendo mi ripaga di qualsiasi cosa, che sia la casa o un favore. Non preoccupatevi.»

Ci racconta che è particolarmente legata ai tre bimbi, perché Ana Paola – Pao – è stata la prima bambina a essere accolta in Casa Esperanza, un progetto su cui lei ha creduto e crede tanto. Poi ci dice che anche lei vive nel *fraccionamiento*, a pochi metri da lì, e che possiamo stare tranquilli.

Le vogliamo già bene!

Finito il tour della casa, ci propone di accomodarci sul divano perché deve parlarci di una cosa.

«Prima, però, devo chiedere al signor Francisco quale sia il suo ruolo.»

«Sono referente dell'associazione italiana» risponde lui.

Da questo scambio capiamo che sta per dirci qualcosa di personale e importante.

«Okay… Avete sentito Estrella?» ci chiede.

«Veramente è tutto il giorno che la chiamiamo e non risponde e, anzi, fortuna che conosciamo te, Laura, altrimenti saremmo arrivati a Celaya senza essere accolti da nessuno. Ora, non è che noi ci aspettiamo chissà che accoglienza regale, però ecco, diciamo che un rappresentante dell'INF sarebbe stato carino trovarlo» spiega Natascia.

Laura chiude gli occhi e annuisce. «Devo confessarvi una cosa. Quando ieri mi avete scritto che eravate a Città del Messico e che sareste arrivati oggi, mi è crollato il mondo addosso, perché Estrella non mi aveva detto niente. Ieri questa casa era ancora vuota...»

Subito mi giro verso Natascia e sul suo volto compare l'espressione classica del «Io te lo avevo detto che qualcosa non andava». È vero, lei lo aveva intuito.

Continua Laura: «Subito dopo aver ricevuto il vostro messaggio, ho chiamato Estrella per chiederle spiegazioni e lei ha detto che mi avrebbe richiamata oggi. Ma stamattina mi ha mandato un messaggio dicendomi che la stavano licenziando».

Siamo tutti a bocca aperta, stiamo cercando di metabolizzare la notizia e chiediamo conferma per vedere se abbiamo capito bene.

«Cioè... la tutrice legale dei bambini è stata licenziata oggi?» chiede Natascia con tono allarmato.

Io accenno un sorriso e la guardo sorpreso, perché finora aveva limitato i suoi interventi in spagnolo a poche parole, nonostante capisca bene la lingua e anche nel parlato possa contare sulle solide basi che un matrimonio decennale con il sottoscritto argentino contiene nel pacchetto. Questa invece le è proprio uscita da dentro. In perfetto spagnolo, tra l'altro!

«Sì, oggi.»

«Cioè... oggi che arriviamo noi???» Nati è sempre più allibita.

«Proprio oggi dopo aver lavorato all'INF per sedici anni» dice Laura.

Mi inserisco nella conversazione. «Ma scusa, Estrella è stata da sempre la tutrice legale dei bambini, l'unica. Quella che conosce bene la loro intera storia. Quella che li segue da quando sono entrati in casa famiglia, giusto?»

«Sì.»

«E la licenziano proprio oggi? Questo significa che chi la sostituirà non conosce per niente i bambini?»

«Non sappiamo chi la sostituirà… In questo momento, oltre che essere una persona che vuole aiutarvi, io sto rappresentando Casa Esperanza. Ho parlato con quelli dell'INF e oggi non possono essere presenti, ma dicono che ci saranno senza dubbio domani, se per voi va bene.»

Decidiamo che, ovviamente, vogliamo vederli il prima possibile.

Laura, per tagliare la testa al toro, chiama il centralino dell'INF e attiva il vivavoce.

Non sappiamo bene chi sia la signora dall'altra parte del telefono, ma ci accorgiamo che l'abbiamo colta impreparata e ci passa qualcun altro, un uomo stavolta.

Con questo tizio cominciamo a ragionare su quando fissare un incontro. «Va bene sabato, dopodomani, alle 10 lì da voi? Così possiamo avere tempo per organizzarci» ci dice.

Sono mesi che sanno che arriviamo oggi e hanno bisogno di un giorno per organizzarsi!

Ma va bene, domani dobbiamo anche andare a San Miguel de Allende, all'ufficio Immigrazione per la famosa integrazione del visto.

Alla fine il tizio dell'INF riesce a riconquistare qualche punto con questa proposta: «Per accorciare i tempi, potremo fare così: sabato alle 10 ci incontriamo da voi per chiarimenti, poi alle 11 possiamo prevedere l'incontro con i bambini».

«Ah… Già questo sabato? Dopodomani?» chiedo emozionato.

«Sì, pensate sia meglio più in là?»

«No, no… sabato è perfetto!»

Figuriamoci, sono anni che aspettiamo, facciamolo subito!

Restiamo senza parole, credevamo che l'incontro con i bambini sarebbe slittato di qualche giorno, e invece li vedremo prima del previsto.

Questa notizia ci arriva dritta al cuore e non capiamo più niente. La chiamata va avanti, ma ormai non parliamo più e nemmeno sappiamo di che cosa stiano discutendo il tipo dell'INF, Fran e Laura. Confusione totale.

Chiusa la telefonata, Laura si accorge della nostra condizione e si avvicina per abbracciarci. «Io adesso devo andare» ci dice.

Allora torniamo con i piedi per terra, la ringraziamo tantissimo, poi restiamo sulla porta a salutarla mentre sale sulla macchina e parte.

Ed è solo in quel momento che ci rendiamo conto di non vederci più dalla fame, così con Francisco e Luz – che per tutto il tempo ha gironzolato per casa – decidiamo di andare a mangiare un boccone nel centro commerciale più vicino, ché la giornata è stata di quelle toste.

A cena cerchiamo di capire come sia possibile che l'INF abbia licenziato Estrella proprio oggi, ci sembra davvero assurdo, ma non giungiamo a nessuna conclusione logica anche se siamo certi che nelle prossime settimane riusciremo a scoprire qualcosa di più.

Dopo cena, Fran e Luz ci riportano a casa e rimaniamo d'accordo per vederci domani.

Partenza molto presto in direzione San Miguel de Allende, pronti per le ore 5.30 del mattino.

Venerdì, 20 gennaio 2023

5.30 in punto Fran è qui fuori. Usciamo che è ancora buio e anche piuttosto freddo. Il viaggio dura un'ora e mezza, e alle 7 siamo davanti all'ufficio Immigrazione, che scopriamo aprire alle 9, nonostante ci sia una gran fila già a quest'ora.

Okay, ci mettiamo in coda, individuiamo chi è l'ultimo prima di noi, un signore americano – lo sono quasi tutti quelli che sono qui davanti, in realtà – e aspettiamo. Alle 9 una signora apre il cancello e, con tutta la calma del mondo e per nulla intimorita dalla folla, comincia a distribuire numeri. A noi tocca il 13.

«Potete tornare verso mezzogiorno» dice la signora.

Così, ci mettiamo il numero in tasca e ci voltiamo verso Francisco.

«Sapete cosa si fa in Messico quando bisogna aspettare?» ci chiede.

«No.»

«Si mangia! Prima, mentre eravamo in macchina, ho visto un posto dove fanno i tacos. È qui vicino.»

Non è che siamo proprio convinti di spararci un *taco de cabeza* alle 9 del mattino, ma lui insiste: «È il *desayuno mexicano*, la colazione messicana!»

E mentre Fran si divora cinque tacos come se nulla fosse, mi convince a mangiarne uno, che poi diventano due, ed è così che mi ritrovo di prima mattina a mangiare dei tacos buonissimi e a chiacchierare con la signora del locale.

Natascia evita, ma solo perché sa che un *taquito* alle 9, per lei significherebbe uno Spasmomen alle 10.

Subito dopo, andiamo a fare un giro nel centro di San Miguel de Allende e, dopo aver visto qualche vietta, Francisco ci propone un caffè, una cioccolata o un *churro*.

Ma sì, sono le 11, ci siamo fatti dei tacos due ore fa, un bel churro *è proprio quello che ci vuole.*

Entriamo nel locale, ringraziando il fatto che Fran viva a Pachuca, perché se fosse stato sempre con noi, saremmo tornati in Italia rotolando.

«Ma è sempre così?» chiede Nati a Luz.

«Sempre. Quando sai che devi andare con lui è meglio se il giorno prima resti a digiuno» risponde, ridendo.

Dopo un buon *chocolate mexicano*, cioccolata a cui aggiungono la cannella, a cui cede anche Nati – pentendosene subito dopo per i bruciori di stomaco –, e un paio di *churros* al cioccolato, decidiamo che è il caso di tornare davanti all'ufficio.

Quando arriviamo, scopriamo che potevamo anche farci un altro *churro*: siamo ancora al numero 9 e, oltretutto, nessuno sembra avere fretta.

Verso le 13.30, finalmente, tocca a noi.

Entriamo, ma subito ci dicono che può salire solo uno di noi, l'altro deve aspettare di sotto. Spieghiamo che si tratta di un'integrazione per un'adozione internazionale, quindi una procedura che riguarda la coppia non le singole persone.

Annuiscono, ma non cedono.

Vado io, mentre Natascia, con gli occhi pieni di odio, resta di sotto e, come sempre, non fa nulla per nascondere un certo fastidio. Anzi, la sento lamentarsi con qualcuno e sorrido – senza farmi vedere, ovviamente. Quando raggiungo il piano superiore mi giro a osservarla: resta a girarsi i pollici, guardando gli impiegati chiacchierare, passeggiare, ridere e scambiarsi pacche sulle spalle. Tutto insomma, pur di lavorare il minimo. Mi domando se farle una foto, la sua faccia è una maschera d'odio, ma a quel punto mi chiamano.

Resto nell'ufficio una vita, mi fanno una marea di domande di tutti i tipi, poi la funzionaria comincia a spulciare i documenti, fino a che, a un certo punto, si blocca su un foglio.

Si alza, va da un collega e ritorna dopo un po'.

«C'è un problema...»

E figuriamoci se non c'era un problema... «Quale?» chiedo cortesemente.

«Qui avete indicato che il vostro legale, e quindi la persona che dovremo informare nel momento in cui il documento di integrazione sarà pronto, è tal Francisco.»

«Sì...»

«Ecco, di questa persona manca la fotocopia del documento di identità.»

«Okay, lo chiamo un attimo, magari possiamo fare la fotocopia qui?»

Con uno sguardo enormemente dispiaciuto, la funzionaria sospira e risponde che purtroppo non è possibile. Dietro di lei, l'enorme fotocopiatrice sembra far fatica a contenere una gigantesca risata.

Mi spiega: «Però lei può uscire e andare a fare una fotocopia nel negozio qui di fronte, poi con il documento si rimette in fila e alla fine può rientrare e consegnare il documento ed effettuare il pagamento». Guarda l'orologio che ha al polso, sospira di nuovo e scuote la testa. *Altro problema in arrivo.* «A quel punto, però, sarà troppo tardi per iniziare la seconda fase della pratica, che prevede la raccolta delle impronte digitali, e le foto, anche perché questi dati vanno presi sia per lei che per sua moglie. Quindi dovreste tornare la prossima volta, ormai lunedì mattina, per completare la seconda fase e la consegna delle integrazioni. Ci vuole un attimo.»

Comincio a innervosirmi e il mio tono cambia. «E tutto questo perché manca una fotocopia?»

«Eh sì, perché manca solo quel documento per procedere alla seconda fase, ma senza quello non possiamo fare niente. Poi... capisce, se esce, deve rifare la fila e a quel punto è troppo tardi per rimetterci a fare foto e impronte, gli uffici chiudono...»

Veramente sono le 2 del pomeriggio a che ora chiudono 'sti uffici? «Ma...»

«Eh... la fotocopiatrice qui dietro non funziona» dice la donna, leggendomi nel pensiero.

«Ah, non funziona... Quindi... esco, vado a fare la fotocopia, mi rimetto in coda, le do la fotocopia, pago e poi lunedì avremo una priorità visto che dovremo fare solo la seconda fase?»

«Sì, sì, certo, la priorità.»

La «poker face» della funzionaria è terribile ed è chiaro che nessuno dei due ha creduto per un solo istante alla storia della priorità.

Scendo e trovo Natascia che mi guarda con un'espressione speranzosa. Quando sente tutta la storia, vorrebbe mettersi a piangere.

Okay, ormai siamo qui, andiamo a fare questa benedetta fotocopia. Usciamo, troviamo Francisco che ci aspetta fuori dagli uffici e lo informiamo del problema.

«È un classico quando si ha a che fare con questi uffici qui in Messico...»

Attraversiamo la strada e facciamo la fotocopia del documento di Fran. Dopodiché ritorniamo dove eravamo e ci rimettiamo in fila. Ci saranno altre cinque o sei persone davanti a noi.

Alle 15.15 è il nostro turno – di nuovo. Stavolta saliamo tutti e due, nessuno ci dice nulla – vai a capirle 'ste cose –, e consegniamo il documento. Ora la funzionaria sembra contenta. Okay, ora non ci resta che pagare 380 euro – costo delle due integrazioni – e poi tornare lunedì mattina, quando, come da accordi con la signora, saremo tra i primi a entrare e anche a uscire perché... «per la seconda fase ci vuole un attimo, se vieni lunedì... Se la vuoi fare oggi, è una pratica lunghissima...»

Ah okay, signora, okay...

Usiamo la Postepay, non prende. *Mannaggia, 'sta Postepay all'estero dà sempre problemi.*

Ne usiamo un'altra, un bancomat, ma non va manco questo. *Vabbè, è un bancomat, ci può stare.*

Dopo altre due carte, proviamo con la Visa. *Questa è infallibile, dai, funziona dappertutto.*

«Eh, non va neanche questa» dice la signora, e ci guarda come se fossimo venuti in Messico ad adottare tre bambini con le carte di credito vuote.

Veramente stufo, le dico: «Non è che magari non vi funziona la linea, visto che abbiamo provato un botto di carte? Strano che non prenda nemmeno una!»

«Guardi, noi qui prendiamo sempre pagamenti con carte straniere, siamo l'ufficio Immigrazione, si figuri, mai successo che non ne prenda nessuna.»

Mai successo.

Invece di ribaltarle la scrivania, le dico: «Okay, possiamo pagare in contanti?»

«Sì, sì certo.»

Faccio per tirare fuori il portafogli dalla tasca e lei mi interrompe: «Sì, sì, ma non qui... Il pagamento in contanti si può fare in banca, e poi portate qui la ricevuta».

Rimetto il portafogli nella tasca e le dico: «Facciamo così, noi adesso riprendiamo tutti i documenti che vi abbiamo portato, andiamo in banca a pagare e torniamo lunedì mattina prestissimo con la ricevuta di pagamento in mano e ricominciamo tutto daccapo, sì? Tanto ci conferma che a questo punto, a pagamento effettuato non ci manca più niente, vero? Ci conferma che i documenti vanno tutti bene, sì?»

«Guardate, mi sembra una buona idea, altrimenti si fa solo confusione.»

Ti sembra una buona idea, sì? Così puoi finalmente andare a casa, ché sono già le 15.30 e se non ti sbrighi poi è troppo tardi?

«Perfetto, allora riprendiamo tutto e ci vediamo lunedì.»

Usciamo dall'ufficio maledicendo tutta la città di San Miguel de Allende, che da bellissima è diventata orribile, e informiamo

Francisco, spiegandogli anche che dobbiamo trovare una banca per effettuare il pagamento.

Lui controlla l'orologio. «Dobbiamo sbrigarci, perché sono quasi le 16 e oggi le banche chiudono prima, essendo venerdì.»

Strano!

Saliamo in auto e voliamo verso il centro dove troviamo una banca BBVA ancora aperta.

Una manciata di minuti dopo, siamo fuori con la ricevuta di pagamento in mano. Almeno questo siamo riusciti a farlo!

Saliti in auto, ripartiamo verso Celaya e cominciamo anche a programmare i prossimi giorni. Ci preoccupa il fatto che per tornare a San Miguel de Allende lunedì mattina ci serve un passaggio di Fran, che però aveva pianificato di rincasare già sabato in serata.

«Tranquilli, domani c'è l'incontro con l'INF e parlerete con loro di questa cosa. Se trovano una soluzione, un autista, qualcuno che vi accompagni a SMA, bene, altrimenti torno io a Celaya domenica notte e vi porto io lunedì mattina.»

San Francisco. Bene.

Rientriamo a Celaya veramente stanchi e, dopo una cena veloce, ci mettiamo a letto.

Nel cuore della notte veniamo svegliati da un rumore assordante, continuato, acuto. Ci guardiamo assonnati e confusi senza capire cosa stia succedendo.

A un certo punto Natascia dice: «Sembra un treno, il fischio di un treno».

«Ma dove passa 'sto treno, dietro casa? Ma no, non può essere un treno che va a fischio spianato alle... cosa sono? Le 2 del mattino, su!»

Qualunque cosa sia, lo sentiamo altre due volte quella notte e ci sveglia in entrambi i casi, restiamo quindi d'accordo di informarci nei giorni successivi, nel frattempo cerchiamo di riposare anche perché tra qualche ora conosceremo i nostri bambini.

Sabato, 21 gennaio 2023

È un giorno importante. È il giorno più importante di tutti, il giorno che aspettiamo da sette anni.

Inutile dire che non abbiamo chiuso occhio e che non sappiamo che cosa accadrà: ci abbracceranno? Saranno distanti e sospettosi?

Dall'Italia l'ansia è totale, immaginiamo quanto sia dura anche per i nostri genitori, fratelli e amici che sono ad aspettare un nostro cenno di vita, pronti a chiederci ogni cosa.

A rovinare – parzialmente – l'emozione, c'è l'incontro con quelli dell'INF fissato per le 10 del mattino, che avremmo voluto evitare. Avremmo voluto dedicare la giornata ai bambini, compresa l'attesa, godercela fino in fondo, perché ce lo meritiamo noi e se lo meritano loro, e invece bisogna anche prepararsi all'incontro con queste persone.

Alle 9.45 cominciano ad arrivare tutti i protagonisti della storia: i primi sono Fran e Luz in rappresentanza dell'associazione che ci segue in Italia, subito dopo fanno il loro ingresso Laura, con ciambelle, dolci e litri di caffè, e Maria, la direttrice di Casa Esperanza.

Siamo davvero tesi, tutti quanti, ognuno a modo suo.

Alle 10 in punto ci raggiungono i rappresentanti dell'INF: la psicologa Adriana, che ci aveva scritto l'altro giorno, il nuovo tutore dei bimbi, che ha sostituito Estrella, e altre tre o quattro figure dell'istituto.

Ci mettiamo tutti sul divano, e il primo a prendere la parola è il nuovo tutore dei bambini.

«Mi presento. Mi chiamo Teo. L'uscita di scena di Estrella ha sorpreso tutti. A me in particolar modo perché, dopo un permesso di un anno, sono tornato al lavoro due giorni fa, e mi hanno comunicato questa cosa. Mi sono ritrovato a gestire un caso spinoso di cui non conosco niente. In questi due giorni ho dovuto leggere tutti i documenti relativi ai bambini, ai genitori, all'adozione...»

Andiamo bene...

Per carità, speriamo che sia una brava persona e un valido professionista, ma la sostituzione della figura che ha seguito il caso fin dal principio, che conosce ogni documento e i bambini, che ha gestito tutti i passaggi e che ha un lungo rapporto lavorativo con Casa Esperanza, con qualcuno che, non per sua colpa, non sa nulla di nulla e che, inoltre, è tornato da poco al lavoro dopo un periodo di assenza, insomma, ci lascia un po' perplessi.

E poi, diciamocelo, di quante adozioni internazionali si occupa il Comune di Celaya ogni anno? Non crediamo che siano tantissime. Non ci aspettiamo certo che la nostra situazione sia l'evento dell'anno, ovvio, ma il fatto che una coppia italiana venga a Celaya per portare a termine l'adozione di tre bambini, per l'INF – che, ricordiamo, si occupa del benessere della famiglia e soprattutto dei bambini – dovrebbe essere una sorta di priorità. Come si fa a licenziare Estrella il giorno stesso del nostro arrivo?

«Siamo partiti molto male» dico senza mezzi termini. «L'altro ieri, al nostro arrivo l'associazione italiana era qui, Casa Esperanza era qui e invece dell'INF, che era il principale ente che doveva accoglierci, nemmeno l'ombra. Ma non solo, non ci avete nemmeno avvisati che non ci sareste stati. E se non avessimo avuto il contatto di Laura? Arrivavamo a Celaya e ci guardavamo intorno?»

Poi spieghiamo che, anche se parliamo perfettamente spagnolo, siamo relativamente giovani e abbiamo spirito di adattamento, non vorremmo essere lasciati a noi stessi a risolvere da soli i nostri problemi.

E incalzo: «A proposito di problemi, lunedì mattina dobbiamo tornare a San Miguel de Allende per l'integrazione del visto e non sappiamo chi ci può accompagnare… Forse potreste aiutarci, e sarebbe un buon modo per sistemare l'enorme equivoco dell'assenza dell'altro ieri».

«E poi è un vostro dovere» aggiunge Francisco.

In molti annuiscono, noi per primi.

Teo prende la parola. «Avete tutti ragione, e senza dubbio l'INF si occuperà di accompagnarvi a San Miguel de Allende lunedì con un mezzo e un autista del Comune. Mi scuso per l'assenza dell'altro giorno e vi assicuro che non vi lasceremo soli. In fondo stiamo remando nella stessa direzione ed è nell'interesse di tutti che il soggiorno nello Stato di Guanajuato sia il più comodo possibile.»

«È importante che sia anche corto» aggiungo. «Potete chiarire le tempistiche?»

«Sì, allora… Va tutto programmato passo passo: oggi conoscerete i bambini, e vediamo come reagiranno loro e come reagirete voi. In base a questo, decideremo quando e come strutturare gli incontri successivi, che avveranno comunque nei prossimi giorni, e dureranno qualche ora. I bambini continueranno a dormire a Casa Esperanza e voi li vedrete nel pomeriggio. Passato questo periodo di socializzazione, che potrebbe durare davvero poco o qualche settimana, dipende da quando i bambini si sentiranno pronti, inizierà la convivenza.»

«Significa che i bambini verranno definitivamente a stare con noi qui a casa?»

Ma che domande faccio???

«Sì, inizierà la vostra vita insieme in questa casa, vivranno con voi, li accompagnerete a scuola, alle attività…»

«Okay.»

«In questo periodo, la socializzazione e la convivenza verranno da noi controllate e valutate. A quel punto, dopo qualche giorno che avrete vissuto insieme, noi dell'INF consegneremo il plico con la nostra valutazione al tribunale di Guanajuato affinché vi fissino una data per il processo che avrà come oggetto il passaggio della patria potestà alla coppia adottiva.»

«Scusate, se non ricordiamo male, Estrella ci aveva detto che contemporaneamente al momento dell'inizio della convivenza, l'INF avrebbe mandato la valutazione al tribunale. Voi, invece, ci state dicendo che passeranno alcuni giorni. Di quanti parliamo?»

«Solo qualche giorno.»

Queste risposte vaghe ci mettono sempre i brividi, perché sono le stesse che ricevevamo in Italia quando saltava fuori che mancava un documento o che un funzionario stava male o che c'era un giorno di festa. Ora cominciamo a capire tante cose, però stavolta siamo qui in prima persona, e le cose possono solo essere differenti.

«Una volta fissata la data» riprende il tutore, «dobbiamo solo prepararci all'incontro con il giudice e, ottenuta la sentenza, sarete liberi di tornare a casa.»

Interviene Francisco. «Sì, ma ricordate che dovrete trascorrere ancora qualche giorno a Città del Messico, perché vi serviranno gli ultimi documenti, come i passaporti messicani dei bambini, quindi mettete in conto anche una settimana o dieci giorni nella capitale.»

Ho capito, non ce ne andremo mai.

«Va bene» dico sconsolato, «vogliamo che capiate che non desideriamo andarcene il prima possibile. L'importante è che i bambini siano pronti, e siamo tutti d'accordo. Noi non vogliamo tornare a casa domani, ma dobbiamo avere chiaro che ogni singolo giorno in più in questa "bolla" sarà per loro un giorno perso per integrarsi in Italia, nella cultura, nella lingua, nelle usanze di un Paese totalmente nuovo. Per questo vi chiediamo di fare il possibile per accelerare al massimo questi passaggi affinché i tempi siano giusti.»

Tutti fanno cenno di sì con la testa, ci sembra di aver trovato un accordo.

Infine Teo ci spiega che in questo periodo verremo seguiti da lui e dalla psicologa Adriana. «Per qualsiasi cosa fate riferimento a noi» dice.

Esaurito il discorso burocrazia, si comincia a parlare di altro, di come ci sentiamo, di come stiamo reagendo al fuso orario, se siamo nervosi... È evidente che l'incontro «ufficiale» è finito e stiamo prendendo tempo in attesa dell'arrivo dei bambini.

A pochi minuti dalle 11, la psicologa riceve una telefonata. «Sì. Ah, okay. Bene. Sì, sì... Sì, okay, vi aspettiamo.» Poi chiude e ci guarda negli occhi: «Sono partiti. Cinque minuti e saranno qui».

Il cuore inizia a battere all'impazzata. Diamo a Luz uno dei nostri telefoni chiedendole di farci un video. In realtà, tutti hanno tirato fuori gli smartphone e stanno aspettando il momento dell'incontro.

Restiamo al centro della sala, camminiamo a vuoto con le mani sudate e fredde. Ci scambiamo risatine nervose e ci abbracciamo.

A un certo punto sentiamo il rumore di una macchina che parcheggia davanti a casa.

Sono arrivati.

Laura va ad aprire la porta ed esce ad accoglierli.

Sentiamo una voce di bambino urlare: «Laura!!!», poi Laura rispondere qualcosa che non riusciamo a capire.

Siamo al centro del soggiorno, ma in linea retta con l'ingresso, perché vogliamo essere le prime persone che i bambini vedranno una volta entrati in casa.

E, infatti, la porta si apre appena e compare Ana Paola che si ferma sulla soglia e ci cerca con gli occhi. Appena ci riconosce, ci regala un sorriso meraviglioso e ci corre incontro. Ci inginocchiamo e prendiamo l'abbraccio nella sua totalità. Pao va diretta in braccio a Natascia e non la molla più. Appena il tempo di alzare lo sguardo, ecco arrivare Betty, con un vestitino bellissimo e un fiocco rosso gigantesco tra i capelli, che sale di corsa addosso a me; per ultimo ci raggiunge Santi, anche lui correndo ma più *easy*, manina in tasca e andamento più tranquillo, infatti, dopo un veloce abbraccio, comincia a esplorare la casa, guarda sotto i tavoli, dietro le tende, va in cucina.

Anche se sono tutti un pochino più piccoli per la loro età, a colpirci maggiormente è la statura di Santi: è davvero minuscolo!

Dopo qualche minuto di baci e abbracci, abbiamo conferma che quella più cosciente di ciò che sta succedendo è Pao, la più grandicella dei tre. È lei, infatti, a farsi portavoce e a dirci che ci hanno aspettato tanto e che sono molto contenti di conoscerci.

Betty e Santi confermano, ma in maniera un po' distratta, soprattutto Santi, che già si è messo alla ricerca di qualche giocattolo.

Finita la sessione di coccole, i bambini vogliono conoscere la casa, poi escono in giardino e alla fine ci chiedono di giocare a nascondino. Ovviamente non possiamo tirarci indietro, anche se si rivela essere il gioco più faticoso di sempre, visto che la casa è grande e i bambini corrono come... bambini.

Già dopo cinque minuti, capiamo quale sarà la prima regola della casa: al piano superiore si sale per dormire e farsi la doccia, non si gioca, altrimenti non sapremo mai dove sono. Anche perché va detto che si nascondono davvero bene!

La seconda regola della casa sarà dare una rimodernata al taglio di capelli di Santi: urge cambiare pettinatura, perché con tutto quel gel e quella riga di lato sembra uscito dagli anni Cinquanta.

Ci chiamano mamma e papà e con i loro sorrisi ci hanno già conquistati.

Però ci accorgiamo che sono tre bambini impegnativi, corrono come dei forsennati ed essendo in tre diventa difficile controllarli.

Infatti, quando la psicologa Adriana ci propone di andare insieme al centro commerciale poco distante, ci prende un colpo. Ovviamente accettiamo come se fosse un gioco da ragazzi portarsi tre bambini in giro, come lo facessimo tutti i giorni, ma ecco… i nostri sguardi tradiscono un chiaro «e ora che facciamo?».

Nel frattempo, mentre ci stiamo organizzando per uscire, sembra evidente che con noi verrà soltanto la psicologa Adriana, e ci va bene, perché con tutta questa gente ci sentiamo davvero sotto una lente d'ingrandimento, come se ogni nostro movimento venisse analizzato, e questo non ci permette di essere davvero noi stessi, nemmeno coi bimbi.

A giro salutiamo quindi tutti, e ci avviamo verso il centro commerciale.

Tutti i nostri dubbi vengono confermati in pochi secondi: i bambini sono tremendi, corrono di qua e di là e non ascoltano nemmeno per sbaglio. Nonostante volessimo evitarlo in presenza della psicologa, in alcuni momenti siamo costretti ad alzare la voce.

Dopo quattro o cinque ore insieme, ci salutiamo. Loro devono tornare a Casa Esperanza e noi a casa. Con Adriana rimaniamo d'accordo che faremo incontri di qualche ora ogni giorno, in attesa della tanto agognata convivenza definitiva, mentre domani un mezzo dell'INF passerà a prenderci alle 11 e andremo in centro a Celaya.

Salutiamo i bambini e rientriamo verso le 19, stremati: la giornata è stata lunga e pregna di emozioni. Siamo contentissimi, ma davvero stanchi e un filino preoccupati. Come faremo a viaggiare in aereo per tredici ore con quei tre terremoti? Siamo pronti per gestirli? Ci ascolteranno mai?

Alla fine ci tranquillizziamo un po' pensando che li conosciamo solo da poche ore e che sicuramente domani andrà meglio di oggi, le cose non possono che migliorare.

Ovviamente, nonostante la stanchezza, dormire è impossibile, e infatti restiamo svegli fino a tardi a ricordare, riguardare video della giornata e a mandare messaggi a parenti e amici provando, anche se è impossibile, a trasmettere in un vocale tutto quello che abbiamo vissuto oggi. Quando finalmente ci addormentiamo, nelle nostre orecchie ricompare lui: il mitico treno che continua a passare mille volte, con il suo fischio a un milione di decibel che, inevitabilmente, ci sveglia.

Domenica, 22 gennaio 2023

Come da accordi, alle 11 l'autista dell'INF passa a prenderci e ci porta in centro, al Parque de la Alameda, dove troviamo i bambini e la psicologa, che anche oggi sarà con noi.

Il parco è molto bello: è disseminato di bancarelle, con tanto street food, e ha un'ampia area bambini, con un bel po' di scivoli, casette e giochi.

A turbare quest'atmosfera, quantomeno per me e Nati, è la presenza massiccia di polizia ed esercito, tutti armati fino ai denti con mitra e fucili spianati. Dalle nostre parti si assiste a scene simili solo in casi molto particolari e gravi. Vedere soldati e bambini nello stesso parco ci trasmette brutte sensazioni, ma evidentemente dovremo abituarci, anche perché l'esercito qui in città è davvero ovunque.

Puntiamo dritti verso la zona giochi, e i bambini cominciano a correre da tutte le parti: salgono sugli scivoli, poi vanno sull'altalena, poi sulla nave pirata… E noi ci dividiamo cercando di tenerli d'occhio il più possibile per evitare che si facciano male. Osservando gli altri genitori, però, ci rendiamo conto che nessuno è così protettivo. Non siamo abituati e ce ne rendiamo conto, infatti dopo due ore di giochi siamo sfiniti. Noi più dei bambini. La presenza di Adriana inoltre, nonostante stia in disparte osservando in silenzio, tende a rendere il tutto piuttosto stressante.

Verso l'ora di pranzo, andiamo a mangiare una pizza e poi a fare una passeggiata per il centro. C'è una bella atmosfera tra noi, i bambini ci sembrano a loro agio, insomma... siamo l'immagine di una bella famigliola!

Ma, prima di tornare ognuno alle rispettive case, abbiamo un'altra missione da affrontare: il supermercato. La situazione è questa: sette persone schiacciate in macchina che dovranno caricare anche la spesa.

Ci portano al primo Walmart che incontriamo, ma essendo una spesa per cinque persone, dobbiamo capire bene le quantità e come gestire l'euforia dei bambini.

Verso le 16, le tre pesti fanno ritorno alla casa famiglia, e noi al *fraccionamiento*.

Siamo stanchi morti.

«Sono bambini complicati, che danno poco retta, andare in giro con loro è davvero stancante» dice Nati.

«Già, avremo un bel lavoro da fare...» commento. «Però sembrano già sentirsi parte della famiglia, credo che ci abbiano accettato e penso che, a modo loro, soprattutto Pao, ci vogliano aiutare a rendere il tutto più facile.»

Dopo una cena velocissima, con poco appetito, ci mettiamo a letto perché domani dobbiamo tornare a San Miguel de Allende per l'integrazione al visto.

L'altra volta siamo partiti alle 5.30 del mattino e abbiamo ricevuto il numero 13, che ha significato per noi l'ingresso in ufficio nel primo pomeriggio.

Stavolta decidiamo di farci furbi e partire prima, alle 5, con l'intenzione di fare tutto in mattinata e tornare a Celaya magari verso le 15.

Dall'ora del nostro ritorno dipende anche se vedremo i bambini. Siamo rimasti d'accordo con la psicologa di sentirci durante la giornata.

Lunedì, 23 gennaio 2023

Alle 5 arriva una macchina dell'INF e parcheggia davanti a casa. Alla guida c'è lo stesso autista di ieri, lo salutiamo e saliamo.

Arriviamo a San Miguel de Allende verso le 6 e, con grande sorpresa, ci accorgiamo che c'è molta più gente di venerdì. Con uno slancio di ottimismo – facendo leva sul fatto che ci sono tantissimi americani che parlano tra di loro – ci diciamo che, probabilmente, tra tutte quelle persone ci sono anche tanti accompagnatori che nulla hanno a che vedere con le pratiche dell'ufficio.

«La fila è meno lunga di ciò che pensiamo, vedrai» dico.

Alle 9 in punto arriva la solita signora che, con molta, moltissima calma, apre il cancello e comincia a distribuire i numeri per gli ingressi.

Il 13, il nostro numero della volta precedente, viene dato a una ragazza che sta molto avanti a noi nella fila. Passano anche il 15, il 18, il 20…

Consegnato il 23 al signore appena prima di noi, tendiamo la mano affinché ci dia il 24.

«Mi dispiace» dice la signora, «ma l'ufficio si occupa al massimo di ventitré persone al giorno, tornate domani.»

Ritiriamo la mano, o forse è meglio dire che cade insieme al braccio.

Cerco di trovare tutta la pazienza che possiedo. «Mi scusi, siamo stati qui venerdì, ci sono stati mille problemi e proprio voi ci avete detto di tornare oggi. Noi non stiamo a San Miguel, stiamo a Celaya per un'adozione internazionale e venire qui è un problema anche proprio a livello logistico. Non possiamo tornare domani, o dopodomani.»

Natascia continua a parlare poco, ma a farsi capire molto bene con gesti ed espressioni.

La signora guarda verso l'orizzonte e sospira come se stesse cercando un modo impossibile per farci entrare.

«Un attimo, vado a sentire cosa dicono dentro.»

Dopo un secondo esce con altri dieci numeri in mano, perché dietro di noi ci sono altre persone, e comincia a distribuirli. Alla fine, nessuno resta a bocca asciutta... l'impossibile è diventato possibile!

«Voi avete il 24, potete tornare verso le 13» ci dice prima di rientrare negli uffici.

Mandiamo un messaggio ad Adriana avvisandola che sarà difficile tornare prima che faccia buio e le chiediamo di spiegare bene ai bambini che non li stiamo trascurando e che abbiamo molta voglia di vederli, solo che siamo fuori città per fare dei documenti legati all'adozione. Lei è d'accordo e ci rassicura.

Bene, abbiamo ventitré numeri davanti a noi, ma stavolta decidiamo di rimanere in coda, con la lontana e vaga speranza che qualcuno se ne vada cedendo il posto.

Illusi!

Alle 14 entriamo negli uffici. Ci registriamo entrambi all'ingresso e ci sediamo in attesa. Come la volta scorsa, l'atmosfera è molto placida e rilassata. Gli impiegati chiacchierano, guardano video e messaggi sul telefono, ridono, bevono un caffè e fanno in cinque il lavoro che potrebbe fare una sola persona, per esempio mettere in fila delle cartelline. La signora delle pulizie, impiega trenta minuti per pulire due scale, quaranta per lucidare una finestra e il resto lo passa a chiacchierare con chi lavora lì. Mi giro a guardare Natascia e la vedo sbuffare con gli occhi rivolti al cielo.

Lo so che vorrebbe dire a questi signori di sbrigarsi, ma non potendo borbotta e sbuffa con se stessa.

Finalmente arriva il nostro turno. Stavolta veniamo chiamati in coppia.

Ricominciamo daccapo tutto quello che avevamo fatto venerdì, con gli stessi documenti che erano già stati controllati e accettati, ma stavolta abbiamo anche la ricevuta dell'effettuato pagamento e la fotocopia della carta d'identità di Francisco, quindi tutto il controllo scorre, lentamente, ma almeno senza l'ansia che manchi qualcosa. Dopo i controlli ci fanno le foto, ci prendono le impronte e a quel punto domandiamo se l'integrazione ci verrà consegnata il giorno stesso o dovremo ripassare da San Miguel per ritirarla.

«No, no, ve la danno oggi.»

Ci guardiamo increduli. Non sappiamo se piangere d'emozione, urlare di gioia o abbracciare ogni singolo funzionario: cioè, siamo entrati in un ufficio messicano e ce ne andremo con i documenti il giorno stesso! Roba da matti!

Effettivamente, dopo un'ora e mezza, usciamo da lì con le due integrazioni, che altro non sono che tesserine tipo carte d'identità che consentono di rimanere nel Paese fino alla fine dell'iter adottivo.

Sono le 15.30 e oggi sembra essere andato tutto bene, alla fine. Decidiamo di approfittare del fatto che abbiamo una macchina e chiediamo all'autista se possiamo fermarci lungo la strada del ritorno in un supermercato per fare un po' di spesa, e lui ci accontenta.

Tornando a casa, ci sentiamo con Adriana per pianificare la giornata di domani: dalle 15 vedremo i bambini per qualche ora. Intanto insistiamo con l'INF per avere un'auto a noleggio, così da non dipendere sempre da loro; ci danno un elenco di tre rent a car che operano nella città di Celaya e domani, alle 10.30, un autista ci accompagnerà a visitarli. L'idea è di attivare il noleggio subito e avere una macchina già all'ora di pranzo.

Verso le 18.30 rientriamo a casa, anche oggi devastati. Sistemiamo la spesa, ci facciamo una doccia e crolliamo sul letto. Stasera si salta la cena. Ovviamente non mancano i tremila passaggi del treno, accompagnati dal suo inconfondibile rumore.

Martedì, 24 gennaio 2023

L'autista dell'INF ci fa uno squillo per avvisarci che è qui fuori.

Ci porta subito al primo noleggio, che sembra essere collocato all'interno di un hotel.

Entriamo e andiamo diretti alla reception, spiegando le nostre esigenze. I due ragazzi dietro il bancone si guardano come se avessimo chiesto una caipirinha.

«Scusate, online abbiamo letto che allo stesso indirizzo dell'hotel c'è un rent a car…» provo a specificare meglio.

«Aaahhh! Sì, ma ha chiuso più di un anno fa!»

Perfetto!

Appena usciamo, l'autista ci guarda da lontano e allarga le braccia.

«Eh, hanno chiuso da un anno. Andiamo all'altro posto, per favore.»

Scuote la testa e saliamo in macchina.

Secondo posto. Altro hotel. Entriamo, stavolta l'autonoleggio c'è. Spieghiamo un po' la situazione, diciamo che stiamo parlando di un noleggio a medio termine, qualche mese…

«Ah, sì, lavoriamo con tantissimi italiani!»

Eeehhh? Sì, certo, come no! Manco uno ne abbiamo visto, sicuro che i pochi che ci stanno noleggiano da voi.

Poi ci dice che ha proprio quello che ci serve e ci mostra una macchina. Effettivamente sarebbe perfetta, se non fosse che il tipo ci chiede una cifra esagerata.

«Meno non posso.»

«Ma nemmeno su un periodo lungo?»

«No.»

Inoltre ci sarebbe da lasciare una caparra assurda in contanti.

«Va bene, ci pensiamo e vediamo, arrivederci.»

Col cavolo che ci pensiamo, adesso andiamo dritti al terzo posto e lì sicuro che troviamo l'auto giusta.

Usciamo dall'ufficio e ci avviciniamo all'autista, che ci dice: «C'è un problema con il terzo autonoleggio».

Ma che strano...

«Cioè?» chiede Natascia.

«Che non esiste. Il terzo indirizzo è uguale al secondo, quindi è questo da cui siete usciti adesso.»

Che grande l'INF! Ci ha fornito gli indirizzi di tre rent a car, ma uno è chiuso da un anno e gli altri due sono lo stesso posto.

Chiamiamo Adriana e le spieghiamo che il problema della macchina va in qualche modo risolto, e anche urgentemente.

«L'unico da cui avremmo potuto noleggiare ci ha chiesto un patrimonio, e a queste condizioni troviamo di meglio facendo una ricerca in rete. Senza auto diventa impossibile fare la spesa, portare e riprendere i bambini da scuola, fare tutto, insomma.»

Lei è d'accordo e dice che farà qualche telefonata, e ci farà sapere qualcosa nel pomeriggio, quando incontreremo i bambini.

«Ci vediamo alle 16 al parco.»

Nel frattempo l'autista ci riporta a casa e, mentre pranziamo, chiamiamo Francisco che ci ha chiesto di avvisarlo quando avessimo saputo qualcosa sulla macchina.

Siamo un po' giù di morale perché si prospetta una spesa ingente, e glielo raccontiamo.

«Non vi dovete preoccupare. Ho una macchina ferma e, siccome sapevo che l'auto sarebbe stata un problema per voi e che i prezzi sono folli, l'ho fatta sistemare perché immaginavo che avreste avuto questa necessità. Questo fine settimana ve la porto e siamo apposto.»

Come?

Forse non ci siamo capiti… «Ma apposto cosa? Aspetta, hai capito che noi restiamo qui mesi? Cioè ci lasci la macchina quattro o sei mesi?» gli chiedo allibito.

«*Ustedes tranquilos, no hay problema. Relájate Nicolas, relájate Natascia!*»

Chiudiamo la telefonata e per l'ennesima volta rimaniamo a bocca aperta. Restiamo a guardarci senza dire una parola e poi scoppiamo a ridere. Cioè Francisco, che abbiamo conosciuto una settimana fa, avvocato e referente messicano della nostra associazione, senza alcun motivo né dovere, nel fine settimana si farà otto ore di macchina tra andata e ritorno per venirci a portare un'auto di sua proprietà che ci presterà a tempo indefinito fino a quando non terminerà tutto il processo di adozione.

Un gesto raro da noi. Dai, chi ti presta una casa per così tanto tempo? Chi ti presta una macchina per quattro mesi? E, soprattutto, chi lo fa dopo una settimana che ti conosce?

Restiamo spiazzati dall'affetto di queste persone e ci ricordiamo che, prima della partenza, in tanti ci avevano raccontato del gran cuore dei messicani, che a volte ti lascia senza parole. Da oggi non possiamo che essere d'accordo con loro.

Per come è iniziata la giornata non ci aspettavamo di certo che evolvesse in questo modo. Infatti, controllando l'orologio, ci rendiamo conto che forse riusciamo ad andare a prendere i bambini a scuola e portarli a pranzo da noi.

«È una buona idea» dice la psicologa al telefono.

Così cambiamo i nostri programmi e, quando mancano dieci minuti dalle 14, l'autista dell'INF passa a prenderci e ci porta a scuola.

I bambini sono sorpresi e contenti di trovarci lì, si nota lontano un chilometro. Osservare i loro occhi spalancarsi, mentre ci corrono incontro e ci saltano addosso chiamandoci mamma e papà, è un'emozione indescrivibile, una di quelle che ti cambia la giornata. Anzi, la settimana.

Passiamo un pomeriggio meraviglioso fino alle 17, quando l'autista dell'INF li riporta a Casa Esperanza.

Ovviamente, Adriana è una presenza fissa. Ma, appena i bimbi si mettono a giocare da soli, ne approfittiamo per raccontarle che abbiamo risolto il problema della macchina a noleggio. Dalla sua espressione, intuiamo di aver levato un bel grattacapo anche all'INF. Anzi, diciamo che finora l'INF non è riuscito a facilitare nessun passaggio…

Oggi riproviamo con la terza richiesta di «aiuto».

«In casa non c'è una lavatrice e vorremmo sapere dove possiamo trovare una lavanderia a gettoni» chiedo ad Adriana. «È un problema da risolvere il prima possibile, perché quando saremo in cinque dentro casa sarà indispensabile.»

«Ehm…» Adriana sembra in difficoltà. «Appena torno in ufficio, mi informo e vi faccio sapere…»

Intanto Natascia mi guarda e i suoi occhi dicono chiaramente: «Vuoi vedere che anche questo sarà un problema che dovremo risolverci da soli?»

Mercoledì, 25 gennaio 2023

Nel frattempo abbiamo risolto il mistero del rumore notturno, quello che ci sveglia più volte nel cuore della notte: è ufficialmente un treno, e questo lo avevamo intuito, che attraversa il centro della città... Ora, sarebbe interessante capire chi è stato il genio che ha deciso di far passare la ferrovia di lì o che ha pensato fosse una buona idea far espandere la città intorno alle rotaie, ma tant'è. Non essendo sempre presente il passaggio a livello – anzi, non essendoci quasi mai –, al povero treno non resta che «avvisare» del proprio arrivo fischiando come se non ci fosse un domani.

Questa opera d'arte di viabilità ha, tra le tante, due conseguenze evidenti: i numerosi incidenti auto-treno e la meno grave ma fastidiosissima sirena del treno. Nel nostro caso, la ferrovia passa davvero a pochi passi dalle mura del *fraccionamiento*. Natascia dice che le rotaie sembrano attraversare la nostra camera. Come darle torto.

Il programma di oggi prevede di andare a prendere i bambini nel pomeriggio, direttamente a Casa Esperanza. Quindi avremo modo di visitare la casa famiglia e di conoscere gli altri componenti della Casa Hogar.

Adriana ci ha appena informato telefonicamente su alcune cose importanti.

La prima è che l'INF ci metterà a disposizione un'auto con autista fino a domenica, data in cui avremo la macchina di Fran. La seconda è che da oggi, visto che secondo lei l'affiatamento e la socializzazione coi bambini procedono meglio del previsto, i nostri incontri futuri saranno senza la sua presenza. Ovviamente lei resterà a disposizione per qualsiasi cosa e vuole sentirci per videochiamata ogni giorno.

Accogliamo questa notizia con un bel po' di sollievo, perché sicuramente ci sentiremo più a nostro agio coi nostri bimbi.

Lascia per ultima l'informazione più significativa. Sempre a causa del sorprendente, ottimo andamento della socializzazione, lei e il team dell'INF hanno deciso di accelerare un po' il tutto. Gli incontri di oggi e domani con i bimbi si svolgeranno come i precedenti, mentre venerdì, dopo la scuola, potremo restare insieme per tutto il weekend.

Che emozione!

Lunedì mattina, visto che avremo la macchina, li accompagneremo a scuola. La settimana si svolgerà come di consueto, ma se questo weekend sarà andato bene, il venerdì successivo potremo iniziare la definitiva convivenza, con l'affidamento provvisorio.

Accidenti, hanno davvero dato un'accelerata!

Siamo arrivati da appena qualche giorno e stiamo già parlando di convivenza. Ci viene in mente il primo incontro in call con Estrella, quando ci aveva detto che la fase di socializzazione precedente alla convivenza poteva durare due settimane, come due mesi.

Sono tutti sorpresi di come stia andando questa prima fase, ma in realtà lo siamo anche noi: i bambini si stanno affezionando e anche noi ci sentiamo legati a loro, nonostante ci siamo incontrati per la prima volta solo pochi giorni fa. Per usare un modo di dire di una banalità incredibile, è come se ci conoscessimo da sempre.

È proprio così.

Nel pomeriggio raggiungiamo Casa Esperanza. Siamo un po' tesi, perché conosceremo le altre bambine della casa. In realtà, le abbiamo già salutate nella videochiamata della vigilia di Natale, quando Pao ha fatto il giro del tavolo presentandoci le «sorelle di cuore».

Quando Maria, la direttrice della Casa, apre il cancello, troviamo tutte le bambine schierate. Pao, Betty e Santi, in prima fila, ci saltano al collo e ci riempiono di baci, ma in un attimo veniamo assaliti dalle altre che vogliono parlarci, toccarci, abbracciarci. Sono attratte soprattutto da Natascia: le chiedono dei suoi tatuaggi, quanti anni ha, le accarezzano i capelli...

Siamo un po' a disagio, perché vorremo essere carini con loro, ma sia l'associazione sia Maria ci hanno consigliato di tenerle un pochino a distanza, per non creare aspettative o gelosie.

È straziante non poterle abbracciare e limitarsi a freddi e rapidi cenni di affetto, ma notiamo che, soprattutto Pao e Betty, non accettano di buon grado tutte quelle smancerie alle altre bimbe.

Anche Maria ci aiuta, chiedendo alle altre piccole di tornare alle loro attività e lasciarci un po' soli.

Inevitabilmente ci troviamo a pensare a cosa ne sarà di loro, di quelle dieci bambine. Troveranno una famiglia? Resteranno a Esperanza? Faranno ritorno nelle loro famiglie di origine? E, in questo caso, vivranno davvero una vita migliore o torneranno in un ambiente di cattive abitudini che le riporterà in una nuova casa famiglia, creando un loop infinito fino al raggiungimento della maggiore età? E quante situazioni come questa ci sono in Messico? E nel mondo?

La verità è che ormai siamo immersi nell'ambiente delle adozioni da così tanto tempo da sapere che solo una piccola percentuale dei bambini di una casa famiglia viene adottata. Per fortuna a Casa Esperanza le bambine sono amate, curate e riempite di attenzioni. È una piccola casa famiglia, fatta di persone buone, che amano ciò che fanno e che tengono davvero al bene di queste bambine. Ma è un caso raro, purtroppo.

Vedere gli occhi di questi bambini, il loro bisogno di attirare la nostra attenzione, la loro continua ricerca di contatto, di affetto ci fa pensare a quanto poco si faccia per aiutarli, perché in fondo, al di là di importanti paroloni, quando finiscono i grandi discorsi, resta la verità. E la verità è che di questi bambini importa poco a tutti.

Venerdì, 27 gennaio 2023

Ci svegliamo già agitati, oggi è un altro dei «grandi giorni»: i bambini resteranno con noi per tutto il fine settimana.

Domani o domenica – dobbiamo ancora organizzarci – Francisco ci porterà la sua auto, così lunedì mattina accompagneremo i bimbi a scuola. Poi ne approfitteremo per fare un salto al centro commerciale per comprare un pensierino a Betty, visto che sarà il suo compleanno e alla casa famiglia hanno organizzato una festicciola.

Dobbiamo cominciare a gestire le giornate e le nostre attività in questo modo: quando ci sono i bambini e quando non ci sono. Ma, pensando al weekend che ci aspetta, ci assalgono mille dubbi. Riusciranno a dormire? Saranno sereni? Spaventati? Per colazione cosa gli prepariamo? Li svegliamo o li lasciamo dormire? Alla fine ci rendiamo conto che non possiamo prevedere tutto; dobbiamo vedere cosa succede, essere noi stessi e vada come vada!

Come da accordi, alle 17 passiamo da Casa Esperanza a prendere i bambini.

Una volta arrivati a casa nostra, giochiamo un po', ceniamo e li mettiamo a letto presto. Ci chiedono di restare con loro almeno finché non si addormentano ed è comprensibile: sono in una casa completamente nuova, lontani da tutti e da tutto ciò che conoscono, con due persone che sono poco più di due perfetti sconosciuti.

E poi, se tuo figlio ti chiede di restare con lui fino a che si addormenta, cosa fai?

Tra coccole a canzoncine, crollano quasi subito. Noi, però, non ci spostiamo immediatamente in camera nostra, ma rimaniamo lì, li osserviamo con un sorriso stampato in faccia, poi ci guardiamo e ci domandiamo: «Sta succedendo davvero?»

Lunedì, 30 gennaio 2023

Sveglia alle 6! Dobbiamo capire come si comportano i bambini la mattina durante i giorni della settimana. Sono dormiglioni? Si svegliano presto? Bisogna chiamarli quattrocento volte? Non lo sappiamo, per cui, nel dubbio, sveglia all'alba anche se Pao entra a scuola alle 7.45, mentre i piccoli alle 8. Sorprendentemente, si svegliano al primo colpo.

Un po' di traffico per andare in bagno e lavarsi i denti, ma vanno tutti piuttosto spediti.

Pettinarsi, però, è un dramma e Natascia ha un'ansia da prestazione incredibile. Le bambine sono abituate ad andare a scuola con trecce e acconciature davvero complicate, arricchite da enormi fiocchi colorati che riempiono quasi tutta la testa. Oltre a essere abituate così, è proprio la scuola a esigere determinati criteri di presenza, tra cui i capelli raccolti con un fiocco che può essere rosso, blu scuro o bianco, i colori della divisa scolastica. Cerchiamo di convincerle a fare una semplice codina, un pochino più moderna. Ma niente da fare, amano le trecce e vogliono uscire solo con quelle. Quindi Natascia si lancia nell'impresa di fare un'acconciatura decente e le va dato merito che qualcosa di carino le riesce davvero. Nelle prossime settimane cercheremo di abituarle a cambiare un pochino il loro look. Idem per Santi, che deve uscire per forza con i capelli ingellati e pettinati di lato. Anche su di lui c'è del lavoro da fare, e piano piano lo faremo.

Facciamo colazione all'italiana, che sorprendentemente adorano nonostante siano abituati alla colazione salata messicana – che sembra un pranzo –, e usciamo di casa in perfetto orario.

Per accompagnarli abbiamo usato l'auto che ci ha portato Francisco ieri sera: è arrivato a Celaya seguito da un'altra macchina con dentro Luz e i suoi due figli.

Gli abbiamo chiesto di entrare a prendere un caffè, ma hanno declinato dicendo che dovevano tornare a casa.

«Cioè, vi fate altre quattro ore di viaggio?»

«Sì, ma nessun problema! *Relájate Nicolas, relájate Natascia!*»

Se lo dici tu!

Ma quanto è forte Fran? Già gli vogliamo troppo bene.

Durante la mattinata, andiamo a cercare un regalino per Betty e, nel frattempo, facciamo il punto della situazione tra di noi, cercando di capire cosa stiamo facendo bene e dove dobbiamo migliorare.

«Ce la stiamo cavando bene, ma è davvero dura!» dice Nati.

Il primo fine settimana insieme è andato piuttosto liscio e si è creato un bel legame con i bambini; per lo più siamo stati in casa e abbiamo cercato di «fare famiglia» il più possibile, ma ci è sembrato molto semplice e naturale, come se fossimo insieme da anni.

Nel corso della mattinata ci chiama Maria, la direttrice di Casa Esperanza: «Vi devo chiedere un favore... La signora che si occupa di fare le torte per le feste delle bambine abita nel vostro *fraccionamiento.* Potete andare voi a prendere la torta per Betty?»

«Nessun problema.»

Così, qualche minuto prima delle 16, andiamo a bussare alla gigantesca porta della meravigliosa – l'ennesima di questo quartiere – casa della «signora delle torte» e ci facciamo consegnare il dolce, che ci viene dato senza scatola o contenitore. Torta, stop.

Saliamo in macchina e ci dirigiamo verso Casa Esperanza con Natascia seduta sul sedile del passeggero con la torta in mano, ad altissimo rischio scioglimento, visti i trenta gradi all'ombra. Ridiamo da soli, perché ci rendiamo conto che la scena è piuttosto comica.

Quando arriviamo ed entriamo, scopriamo che c'è anche una piccola zona all'aperto che viene utilizzata per le feste e per giocare. Sotto la veranda troviamo qualche tavolino, un po' di dolci, bevande, panini e l'immancabile pignatta. Salutiamo tutti e diamo la torta a Maria perché la metta in frigo.

Betty, che indossa un vestito giallo canarino da Belle, di *La bella e la bestia*, fortemente richiesto – e ottenuto – come regalo di Natale, ci corre incontro seguita dai due fratelli e sprizza felicità da tutti i pori, essendo questo il suo primo compleanno con mamma e papà.

Durante la festa balliamo, cantiamo, ci abbracciamo e le diamo il nostro piccolo regalino che consiste in una spazzola per capelli di *Frozen* con elastici abbinati.

Arriva il momento della pignatta e a turno tutte le bambine bendate e accompagnate da un'allegra canzoncina provano a romperla con un bastone per accaparrarsi le caramelle. A un certo punto, però, le piccole cercano di coinvolgere Nati che, non potendo tirarsi indietro – ma in realtà non vedeva l'ora –, si fa bendare e comincia a dare colpi alla pignatta come se non ci fosse un domani. Starà forse sfogando la tensione degli ultimi giorni? Ovviamente una delle botte di Natascia manda in frantumi la pignatta e una pioggia di caramelle, cioccolatini e porcherie varie atterra sul pavimento. Le bambine, con l'agilità di un atleta alle Olimpiadi, si gettano sui dolci sfidandosi a chi riesce a prenderne di più.

Tutto accade così velocemente, che Natascia, ancora bendata, continua a tirare colpi a una pignatta che ormai non c'è più. Per fortuna Maria, che si trova sempre nel posto giusto al momento giusto, riesce a fermarla prima che dia una bastonata in testa a qualcuno.

Per la cronaca il primo della lista sono io, che mi trovo a un passo da lei. Tolta la benda, scoppiamo tutti in una fragorosa risata. Per questa volta sono salvo.

Verso le 18 la festa finisce, perché nel regolamento della Casa quella è l'ora della doccia per le bambine, e qui gli orari e le regole in generale sono importanti e vanno rispettati, anche nei giorni di festa.

Salutiamo bambine, educatrici e per ultimi Pao, Betty e Santi, che ci abbracciano e ci dicono che vorrebbero venire a dormire a «Casa Cantoro», così chiamano la nostra casa.

Per la milionesima volta spieghiamo loro che per qualche giorno dormiranno ancora a Casa Esperanza prima di trasferirsi definitivamente con noi. È difficile anche per noi lasciarli lì, perché questo andirivieni, lo si nota dalle faccine un po' confuse, non gli è ben chiaro.

Però Pao, la più grande, ci spalleggia subito. «State tranquilli, che tra poco torneremo a essere la famiglia che tutti noi sogniamo.»

Ripartiamo da soli e, nonostante i bambini siano stati con noi solo pochi giorni, quando apriamo la porta, la casa ci sembra già troppo vuota.

Martedì, 31 gennaio 2023

Ci svegliamo verso le 7.30 e troviamo un messaggio di Francisco. Vuole sapere come stiamo, perché ha sentito al telegiornale del disastro di ieri notte a Celaya.

Di che sta parlando?

Facciamo delle ricerche online e veniamo a sapere che in pieno centro c'è stata una sparatoria tra civili armati e polizia; sono state date alle fiamme delle auto e hanno fatto saltare un paio di negozi con delle bombe molotov. Nessun morto, ma il centro della città era praticamente un campo di battaglia. Poi controlliamo la zona della sparatoria e ci rendiamo conto che uno dei negozi che è stato fatto saltare in aria è il supermercato in cui andiamo a fare la spesa ogni tanto!

È il nostro primo incontro, per fortuna a distanza, con la violenza della città. Siamo spaventati, soprattutto perché ha coinvolto una zona che frequentiamo. O frequentavamo.

Rispondiamo a Francisco che stiamo bene, ma la cosa ci ha scosso un bel po'.

Nel corso della mattinata un referente dell'INF ci avvisa che vorrebbero fare una riunione-valutazione per capire come è andato il fine settimana con i bambini.

«Okay, quando?»

«Oggi a mezzogiorno siamo da voi.»

Ah, grazie tante per il preavviso.

«Eh, non si può nel pomeriggio?»

Ci rispondono di no, elencando una serie di scuse strane.

«Va bene, facciamo 'sto incontro, almeno acceleriamo il tutto.»

Prima di riattaccare, ci spiega che vorrebbero parlare con noi oggi, e domani con i bambini. Se tutto filerà liscio, potrebbero autorizzare la convivenza già dal prossimo fine settimana.

Ottimo, siamo sicuri che andrà tutto bene e pregustiamo l'inizio di questa nuova vita.

L'INF si presenta con una squadra di quattro persone, capeggiata dalla psicologa Adriana.

Ci domandano come sia andato il fine settimana, cosa abbiamo fatto, come ci siamo sentiti, cosa abbiamo mangiato. Ci chiedono come si sono sentiti i bambini e se crediamo che siano pronti alla convivenza. Nel frattempo, uno dei quattro chiede il permesso di fare delle foto e comincia a girare per casa, telefono in mano.

«Per noi è andato tutto bene, sicuramente dobbiamo migliorare sotto alcuni aspetti, ma crediamo di essere pronti, noi quanto i bambini, a iniziare la convivenza. Vogliamo che il processo segua l'iter corretto, ma entro tempi ragionevoli, per il bene dei piccoli. Noi ce la metteremo tutta, ma chiediamo che lo facciate anche voi» dico.

«Inoltre, ci sentiamo davvero poco sicuri in città, anche alla luce di quanto successo ieri, e questo non fa altro che rafforzare la nostra richiesta di velocizzare i tempi» aggiunge Natascia.

I nostri profondi timori per la sparatoria generano dei sorrisini. «Ci rendiamo conto che non siete abituati a queste cose...» commenta uno di loro.

Natascia si irrita. «Sì, magari voi siete abituati, ma se nel cuore della notte ci sparano delle molotov a due chilometri da casa, noi ci terrorizziamo. E se ci spaventiamo noi, figuriamoci i bambini.»

So che non servirà a nulla, ma ci riprovo. «Nonostante ci sia già stato detto con fermezza durante il primo incontro telefonico di novembre 2022, vi chiediamo se la fase di convivenza può avvenire in un comune vicino, magari San Miguel de Allende? Dove è tutto molto più tranquillo, essendo una zona molto turistica.»

«No, purtroppo non si può. La famiglia deve restare in zona per darci la possibilità di fare riunioni come questa, all'occorrenza.»

«Sì, ma San Miguel de Allende dista solo quarantacinque minuti di macchina e, anche fossero necessarie riunioni con cadenza settimanale, ci si può organizzare in qualche modo.»

Niente da fare, tirano fuori problemi di vario tipo: la scuola, gli incontri, le riunioni...

La riunione si conclude con una frase di Adriana. «Domani vedrò i bambini, ma mi sembra che tutto stia filando liscio. Venerdì potranno trasferirsi nella loro nuova casa, con la loro nuova famiglia.»

Mercoledì, 1 febbraio 2023

In serata arriva la telefonata di Adriana per farci un riassunto di quanto successo nell'incontro con i bambini.

«È andata benissimo, i bambini sembrano prontissimi per trasferirsi da voi. Anzi, Pao ha chiesto varie volte come mai non siano già con i loro nuovi genitori.»

Poi ci racconta che li ha separati e ha chiesto loro di disegnare qualcosa che riguardasse la loro situazione attuale.

Pao ha disegnato cinque stelle, due più grandi e tre più piccoline, ovviamente rappresentanti la sua nuova famiglia. Poi, dopo un breve ragionamento, ne ha aggiunte altre sullo sfondo. Quando la psicologa le ha chiesto cosa rappresentassero, ha risposto: «È che la mia famiglia adesso è tanto grande, questi sono i nonni, gli zii e i cugini».

Betty, invece, ha disegnato mamma e papà, riproducendo una foto dell'album che avevamo inviato mesi fa. Evidentemente, le è rimasta così impressa che ha ricostruito fedelmente alcuni dettagli, tipo la gamba alzata di Natascia. L'unica differenza è che ha vestito Nati con un abito svolazzante di un colore rosso acceso, con un grande fiore verde sul petto. Outfit che probabilmente vorrebbe indossare lei.

Santi ha fatto un gattino. In un primo momento la psicologa non ha capito, ma tutto si è chiarito quando gli ha domandato perché lo avesse disegnato. La risposta è stata: «Perché il gattino prima era solo, e adesso non lo è più».

Dopo questo breve racconto, attendiamo il verdetto di Adriana.

«Alla luce degli incontri di questi giorni, sia con voi sia con i bimbi, mi sembra ovvio che tutte le parti siano pronte per la nuova fase. Da venerdì inizierà l'affidamento temporaneo, quindi la convivenza a tutti gli effetti.»

Evvivaaa!

«Non era affatto scontato» prosegue Adriana, «ma abbiamo notato che tra di voi si è subito creato un legame che spesso necessita di più tempo.»

Quando chiudiamo la telefonata, non riusciamo a contenere la felicità. Tuttavia, una piccola parte di noi è spaventata. Il dubbio di riuscire a essere all'altezza in una situazione più grande di noi non ci abbandona. Ma un attimo dopo ci guardiamo e, come sempre, ci diciamo: «Ce la faremo, certo che ce la faremo!»

Venerdì, 3 febbraio 2023

È il grande giorno!

Arriviamo alla casa famiglia verso le 16 e troviamo già Pao intenta a fare la valigia, tra vestiti, scarpe e giochi; se a Betty e Santi bisogna dirglielo, lei sembra sapere bene cosa vuole.

Incredibilmente, i bimbi hanno un sacco di bagagli.

Maria ci spiega che Esperanza è una Casa Hogar diversa, soprattutto grazie al grande impegno di Laura e della socia Miriam.

«Qui si cerca fin dal primo momento di creare un ambiente il più simile possibile a quello familiare: tutti i bambini vanno in scuole private e le attività extrascolastiche sono davvero tante, dalla ginnastica al karate, dal pianoforte alla danza, dalla logopedia alle sessioni di lettura. Ci teniamo molto all'igiene e alla cura delle bambine. Inoltre, Laura e Miriam sono la spina dorsale della casa. Sono loro che cercano finanziatori – ma spesso attingono dai fondi personali –, che si battono contro le istituzioni, girano, corrono, cercano, parlano…»

Poi Maria ci chiede di accompagnarla al piano superiore e apre un gigantesco armadio pieno di vestiti, divisi per taglie e per età. C'è di tutto: camicette, magliette, pantaloncini, intimo, canottiere. Sorride. «Per fortuna, problemi di vestiti non ne hanno.»

In realtà, fin dalle prime videochiamate avevamo intuito che Esperanza era un posto diverso, lontano dal luogo comune dell'orfanotrofio centroamericano. Ci rendiamo conto che, nella sfortuna, i bimbi sono stati fortunati ad aver trovato quest'oasi nel deserto.

E la nostra gratitudine non sarà mai abbastanza, perché, di fatto, le persone di Esperanza hanno cresciuto – e bene – i nostri bambini per tutti questi anni.

Ovviamente pensiamo a Laura e a quanto stia facendo per il progetto, in modo incondizionato, senza alcun tornaconto, semplicemente perché ha un gran cuore e perché, evidentemente, è una di quelle brave persone che ci sono nel mondo, spesso nascoste, spesso difficili da trovare, ma per fortuna presenti.

Finito di caricare le valigie in macchina, è il momento di salutare tutti. Maria chiama a riunione bambine e collaboratrici e chiede loro di mettersi in cerchio in mezzo al bel salone. Spegne la televisione e accende il telefono, Laura partecipa in videochiamata dagli Stati Uniti perché in trasferta di lavoro. Noi ci sediamo nell'angolo, già con il cuore in gola.

Spiega a tutti che oggi è un giorno importante. «È arrivato il momento di salutare tre bambini che per tanto tempo sono stati con noi e che oggi inizieranno un nuovo percorso con dei nuovi genitori. Non dovete essere tristi, perché i vostri «fratelli di cuore» cominceranno una nuova vita in un altro Paese e saranno felici.»

Piano piano, spuntano degli occhi lucidi qua e là e qualcuno scoppia in un pianto contagioso, seguito da tutti i presenti. È veramente difficile, il cuore va a mille e le lacrime escono copiose, nonostante facciamo di tutto per trattenerle. Ognuna delle bambine rivolge un pensiero di saluto ai nostri piccoli e viceversa. Vederle piangere è un colpo al cuore, perché tutti, anche le bimbe stesse, sanno che, anche se qualcuna avrà la fortuna di trovare una nuova famiglia, altre saranno destinate a rivivere più volte il momento di salutare i «fratelli di cuore».

Cos'hanno di diverso queste bambine meravigliose che resteranno qui? Perché saranno sempre quelle che saluteranno e mai quelle che verranno salutate? Cosa rispondi a una bambina che ti chiede: «Perché io no?»

È uno dei momenti più intensi e toccanti da quando siamo in Messico, e Maria lo gestisce nel migliore dei modi, in maniera molto professionale. La guardiamo stupiti mentre abbraccia e conforta ogni bambina senza cedere all'emozione.

Poi osserviamo i nostri tre bimbi. I più piccoli sembrano più inconsapevoli, ma Pao è perfettamente lucida e fortissima. Le scende qualche lacrima, ma la vediamo decisa a voler andare via, nonostante il dispiacere di lasciare questa grande famiglia. Fa i suoi saluti, abbraccia tutti e poi torna a concentrarsi sulle cose che vuole portare via.

Saliamo in macchina e partiamo verso casa. Un cerchio si chiude e un altro si apre.

Martedì, 7 febbraio 2023

Il primo weekend di convivenza «vera» è andato, ed è andato alla grande. A differenza della settimana precedente, in cui i bambini erano stati poco ubbidienti, si sono comportati molto bene. Certo, in alcune occasioni abbiamo dovuto richiamarli all'ordine, facendo loro capire che esistevano delle regole anche qui. Però possiamo dirci soddisfatti.

Abbiamo dato un'occhiata al loro calendario di attività extrascolastiche e abbiamo deciso, per il momento, di cercare di mantenerle tutte: Santi e il suo karate tre volte a settimana, l'ora settimanale di ginnastica artistica delle bambine, l'ora settimanale di pianoforte di Pao e, ovviamente, la lezione del martedì di terapia del linguaggio, che si tiene a Casa Esperanza.

Verso le 16 ci rechiamo alla casa famiglia per l'incontro con la logopedista. Tutti e tre hanno qualche difficoltà di linguaggio, ma se per le bimbe i problemi sono minimi, per Santi ci vuole quasi un traduttore, e non solo per la lingua diversa, ma anche perché parla male e veloce, e solo chi lo conosce molto bene riesce a capirlo. Per fortuna ci stiamo abituando a comprenderlo, ma siamo convinti che piano piano migliorerà.

Finita la lezione, ci confrontiamo con la maestra di linguaggio. Ci spiega che il suo impegno con la casa famiglia consiste nel dedicare quarantacinque minuti a ogni bambino, ma che ovviamente, i risultati, in un posto pieno di distrazioni come può essere Casa Esperanza, possono essere relativi. «Se volete, soprattutto per Santi e Betty, posso spostare l'ora e mezza di lezione direttamente a casa mia, nella giornata di mercoledì.»

«È una splendida idea! Secondo lei, si può anche aggiungere un secondo giorno di lezione per tutti?»

Lei annuisce convinta, così stabiliamo che il sabato mattina lo dedicheremo a questo.

Prendiamo il calendario e spostiamo logopedia dal martedì al mercoledì, poi aggiungiamo un appuntamento il sabato. Quasi tutta la settimana è bella piena, ma per ora decidiamo che va bene così: via via vedremo cosa mantenere e cosa iniziare a togliere.

Visto che dall'INF tutto tace, ci appuntiamo di chiamare il procuratore Teo o Francisco per capire se in questi giorni sono stati inviati tutti i documenti per la richiesta di una data per l'udienza.

Nel bel mezzo della cena, avvertiamo degli spari.

Ci spaventiamo, perché di solito li sentiamo di notte, mentre adesso sono appena le 20, e soprattutto ci sembrano davvero molto vicini.

Cerchiamo di tranquillizzare i bambini, dicendo loro che sono fuochi d'artificio per una festa, ma è evidente che le nostre facce ci tradiscono e Pao non ci crede nemmeno per un minuto.

Controlliamo i social e scopriamo che c'è stata una sparatoria proprio fuori dal nostro *fraccionamiento*, tra polizia e Cartello, in cui hanno perso la vita cinque persone.

Siamo terrorizzati! Avremmo potuto essere di ritorno dal centro commerciale o dal McDonald's che si trova a duecento metri da casa!

Tuttavia, cerchiamo di non darlo a vedere ai bambini e, come ogni sera, li portiamo a letto e restiamo un pochino con loro. Cantiamo delle canzoni, ci facciamo le coccole, il solletico e ridiamo, fino a quando non si addormentano.

La loro canzone preferita è diventata *The Scientist* dei Coldplay, che abbiamo adattato a ninna nanna per farli dormire.

Sia io sia Natascia amiamo i Coldplay. Ogni canzone ci ricorda qualcosa e ci hanno accompagnati in ogni tappa della nostra vita. *The Scientist* ci ricorderà i momenti qui in Messico con i bambini.

Ci spostiamo in camera nostra, ma non chiudiamo occhio. Ovviamente, gli spari e il suono delle sirene proseguono anche nella notte.

Giovedì, 9 febbraio 2023

In mattinata chiamiamo Francisco per capire come stia procedendo il tutto.

La notizia è di quelle da far cadere le braccia anche a un pugile campione del mondo: ci dice che, dopo aver sentito il procuratore Teo stamattina, è venuto fuori che l'INF di Celaya può presentare il faldone con le proprie valutazioni e richiedere una data per l'udienza soltanto dopo trenta giorni dall'inizio della convivenza.

«Che???»

«Sì, è così in base alla legge...»

«Ma quale legge? Nessuno ci ha mai parlato di questi trenta giorni... Francisco, siamo qui da più di venti giorni, la convivenza reale è iniziata da qualche giorno, ma prima c'è stata la fase di socializzazione. Se dobbiamo attendere un altro mese solo per richiedere una data, aspettare che ce la diano, poi fare i nuovi documenti... Deve pur esserci un altro modo!» esclamo, allarmato.

«Sì, ho parlato con il procuratore e, visto che la socializzazione è iniziata già a dicembre con le varie videochiamate, magari potremmo chiedere di far coincidere la data della convivenza con il giorno del vostro arrivo a Celaya.»

«Eh, be', sarebbe già qualcosa, sennò non ce andiamo più via.»

Chiudiamo la telefonata e vorremmo solo metterci a piangere.

Di questa fantomatica legge dei trenta giorni perché nessuno ci ha mai detto niente? I casi sono due: o l'INF lo sapeva e ha fatto finta di niente o, semplicemente, non lo sapeva e lo ha scoperto ora. La seconda, che è la più probabile, è anche quella che ci spaventa di più, perché vuol dire che l'INF, che già sappiamo non essere troppo abituato a pratiche di adozione internazionale, sta facendo più fatica del previsto a gestire questa situazione. Ciò significa che, oltre a ingoiare questo boccone amaro, sicuramente ne arriveranno altri.

Siamo devastati!

Mandiamo un messaggio sia alle ragazze dell'associazione in Italia sia a Laura, che ci ha chiesto di tenerla aggiornata. Poi ci cambiamo i vestiti, ci riprendiamo e andiamo a recuperare i bambini a scuola.

Venerdì, 10 febbraio 2023

Verso le 10 ci chiama la psicologa.

«Possiamo fare una call riepilogativa di questi primi giorni di convivenza con la squadra dell'INF alle 13?»

«Eh, alle 13 sarebbe meglio di no, perché dobbiamo andare a prendere i bambini a scuola. Più tardi?»

«Eh no, perché alle 13.30 abbiamo una riunione con l'INF di Guanajuato e vogliamo riportargli quanto detto nella call con voi.»

«Prima non si può?»

«Eh no, perché gli altri dell'INF non ci sono. Magari potreste chiedere alle ragazze di Casa Esperanza se possono andare a prendere i bambini.»

«Insomma, non è che le persone di Casa Esperanza sono le nostre babysitter. E poi, soprattutto per i bambini, che si aspettano di vederci davanti alla scuola, ritrovarsi ancora con le ragazze di Casa Esperanza non credo che sia positivo. Non ci sembra una cosa da fare a pochi giorni dalla convivenza, quando invece vorremmo dar loro più sicurezze possibili. Se lo avessimo saputo ieri, ci saremmo organizzati meglio!» esclamo infastidito.

Poi, però, penso: «Ma cosa stiamo qui a discutere? Tanto funziona così da quando siamo arrivati; ti chiamano, hanno dieci minuti e devi essere pronto. Facciamo questa chiamata».

Sentiamo un attimo Maria di Casa Esperanza e le chiediamo la cortesia di andare a prendere i bambini a causa di una call urgente. Ovviamente, come sempre, ci risponde che non c'è nessun problema.

Alle 13 ci colleghiamo in videochiamata con l'INF. Da una parte noi, dall'altra le solite facce. Con le solite domande.

«Come stanno i bambini?»

«Bene.»

«Mangiano?»

«Sì.»

«Ma mangiano tutto, tutti e tre? Sicuri?»

«Sì, certo. Perché?»

«Perché sapevamo che Santi mangiava solo latte e biscotti. Ora mangia anche altro?»

«Scusate, ma Santi mangiava queste cose, ed è scritto anche nel fascicolo in vostro possesso, appena arrivato a Casa Esperanza, da allora le cose sono molto migliorate, lo hanno abituato a mangiare tutto.»

Siamo abbastanza sconcertati dal fatto che l'INF, che si occupa della tutela dei bambini, non sia aggiornato sulla situazione degli stessi. I fascicoli dove sono scritte tutte le informazioni ce li hanno passati loro… Come fanno a non sapere una cosa del genere?

Intanto, le domande proseguono.

«Vogliono tornare a Casa Esperanza?»

«No.»

«Secondo voi si stanno adeguando alla nuova famiglia?»

«Sì.»

Visto che ci siamo, facciamo anche noi qualche domanda.

«A che punto siamo con le pratiche? Riusciamo a far figurare che la convivenza è iniziata il primo giorno che siamo arrivati?»

«Eh, adesso vediamo… Sapete, c'è questa legge dei trenta giorni…»

Capito, resteremo qui fino a ferragosto.

Appena possibile ci precipitiamo a Casa Esperanza a prendere i bambini che non vedono l'ora di tornare a casa con noi.

In serata, una chiamata di Francisco, volta a tranquillizzarci un po', crea ulteriore confusione, semmai ce ne fosse bisogno.

«Ho chiamato l'INF di Guanajuato, e la signora con cui ho contatti mi ha detto che di questi trenta giorni obbligatori di convivenza lei non ha mai sentito parlare e che tutto dipende dall'INF di Celaya. Inoltre, mi ha spiegato che, una volta arrivata la richiesta, il giudice deve comunicare una data entro quindici giorni lavorativi.»

«Ma allora questi trenta giorni da dove vengono fuori?» chiedo.

«A questo punto credo che sia un regolamento interno al Municipio di Celaya.»

«Cavolo, ma proprio oggi abbiamo parlato con loro e ci hanno ribadito della legge dei trenta giorni. Quando abbiamo chiesto se si poteva accorciare, sono rimasti sul vago.»

«Sì, qualcuno sta facendo confusione.»

E questo è certo... Meno certo è capire «chi» stia facendo confusione, perché ci sembra che anche qua in Messico, come in Italia del resto, lo scaricabarile sia uno sport nazionale.

Andiamo a letto, ma con tutta quest'ansia sicuramente non riusciremo a dormire, però così abbiamo per lo meno la possibilità di goderci il suono del treno che passa per venti volte nel cuore della notte.

Il mitico treno a cui non ci abitueremo mai.

Domenica, 12 febbraio 2023

Ci svegliamo la mattina con i bambini che sono sempre più a loro agio in casa. Lo notiamo soprattutto nei fine settimana, perché dormono un po' di più, o quantomeno non sono i primi a svegliarsi. Questo ci fa pensare che si sentano più al sicuro e che stiamo piano piano diventando una famiglia, anche se, a dire il vero, abbiamo l'impressione che siano con noi da sempre.

Abbiamo anche individuato alcune loro caratteristiche importanti e alcuni «problemini» su cui stiamo già lavorando.

I bambini hanno vissuto la maggior parte della loro vita a Casa

Esperanza, con persone che sono sempre state il centro della loro vita: le vedevano a scuola, nelle attività extrascolastiche, quando tornavano a casa e quando si svegliavano la mattina.

Sentiamo che per farli sbocciare, per renderli «indipendenti» e «responsabili» nei limiti di quanto lo possano essere dei piccoli di queste età, hanno bisogno di sport, di attività artistiche, di ampliare l'orizzonte di conoscenze, anche di separarsi un po' tra di loro, in modo che capiscano che non sono un'entità unica, ma che ognuno ha la propria identità, le proprie caratteristiche, capacità e gusti, ed è giusto che li sviluppino in modo autonomo.

Il problema è che qui a Celaya non abbiamo i mezzi, per mille ovvi motivi, per dar loro questa possibilità.

Ed è una delle tante ragioni che ci rende impazienti di tornare a casa: ogni giorno in Messico sarà un'occasione mancata in Italia.

Sappiamo che i bambini sono quasi pronti per questo grande «salto», ma dal punto di vista burocratico, invece, la luce alla fine del tunnel ancora non si vede, anzi, è proprio calato un buio pesto.

Dopo la conversazione con Francisco, non abbiamo ancora capito «chi» ci obbliga a rispettare i trenta giorni...

Oggi abbiamo preso un caffè con Laura e le abbiamo raccontato i nostri dubbi. Lei si è mostrata comprensiva e ha detto che nei prossimi giorni avrebbe parlato con l'INF per saperne di più. La sensazione è che quando si muove Laura, qualcosa succede. Vediamo...

Martedì, 14 febbraio 2023

Per tutto il mondo è San Valentino, il giorno degli innamorati. Per noi è semplicemente un'altra giornata da dedicare alla casa, ai bambini e al bucato. Eh sì, perché alla fine anche il problema lavanderia ce lo siamo dovuti risolvere da soli.

Un giorno, lungo il tragitto casa-scuola abbiamo notato una lavanderia «a chilo», e da allora portiamo lì il nostro bucato, con cadenza settimanale. La signora che la gestisce ormai mi chiama affettuosamente Don Nicolas, e quando mi vede arrivare sa che la sua bilancia vedrà chili di calzini, mutandine, vestitini e tanti altri indumenti da bambino.

Anche oggi, come ogni volta, mi ribadisce che, essendo la lavanderia più «gettonata» della zona ed essendo una delle poche a fornire questo servizio a Celaya, è piena di lavoro.

«Solo e soltanto per voi, farò un'eccezione e cercherò di consegnarvi il bucato pulito in tre giorni!» esclama.

Ovviamente il bucato ci verrà riconsegnato appallottolato dentro delle buste, perché, visto che è rimasta solo lei a lavare i panni a tutta la città, non ha il tempo di stirare.

Appena rientro a casa, vedo i bambini giocare a Jenga.

«Dov'è la mamma?»

«In bagno. Sta stappando il water.»

Salgo di sopra e trovo Nati che, con una ventosa sturalavandini, cerca di sgorgare il wc tra un conato di vomito e l'altro. Prima la prendo un po' in giro, poi mi armo anche io di guanti e le do una mano.

Due innamorati, con guanti di gomma e sturalavandini, intorno a un water ostruito.

La nostra cartolina di San Valentino 2023.

Mercoledì, 15 febbraio 2023

Portiamo i bambini a scuola e ne approfittiamo per fare la spesa.

Una volta tornati a casa e sistemato tutto, proviamo a chiamare il procuratore Teo, visto che da venerdì scorso tutto tace.

Incredibilmente, ci risponde al secondo squillo.

Dopo avergli chiesto le stesse identiche cose di sempre, ci spiega: «Domani, alle 15, dobbiamo venire da voi con il gruppo multidisciplinare dell'INF. Fa parte dei controlli che dobbiamo fare prima di spedire il faldone a Guanajuato.»

«Sì, okay. Quindi siamo rimasti fermi alla compilazione del faldone? Ma allora è vera quella cosa dei trenta giorni di convivenza obbligatoria?» chiediamo con un tono che rasenta il disperato.

«Sì, sì, è vera, ma siccome la socializzazione tra voi e i bambini è cominciata molto prima del vostro arrivo a Celaya, faremo sicuramente figurare l'inizio della convivenza in una data precedente.»

«Molto prima», «in una data precedente»... Mai che diano delle tempistiche certe!

«Okay, quindi quando potrete mandare questo faldone?» chiede Natascia.

«Allora... se domani, che è giovedì, ci vediamo e riusciamo a buttare giù in ufficio una relazione dell'incontro avvenuto, venerdì mattina possiamo mandare tutto a Guanajuato e già lunedì ottenere una data!»

«Ah... Okay...» dico, ma in realtà sto pensando: «Ma come no! Andrà così: domani arriveranno alle 15.30, torneranno in ufficio verso le 17, quindi nessuno scriverà una parola prima di venerdì pomeriggio. A quel punto sarà tutto inutile, perché gli uffici di Guanajuato saranno chiusi e non potranno controllarli prima di lunedì mattina».

Va bene: domani cercheremo di spiegare di nuovo i motivi per cui abbiamo fretta di tornare a casa.

Vediamo se sarà la volta buona. Altrimenti dovremo cominciare a chiedere di cercarci un lavoro qui, perché la faccenda sta diventando lunga.

Giovedì, 16 febbraio 2023

Andiamo a prendere i bambini a scuola in leggero anticipo, per fare in modo che, prima dell'arrivo dell'INF, siano già pronti, abbiano già mangiato e si siano già cambiati.

Durante il pranzo parliamo con loro e spieghiamo chi sta arrivando e che si devono comportare bene e fare i bravi. Pao ci stupisce sbuffando e dicendo: «Quelli dell'INF non li voglio vedere più! Io voglio andare in Italia, che altro gli devo dire?»

È il pensiero comune di tutti quelli intorno a questo tavolo.

Alle 15 siamo effettivamente tutti pronti, la squadra multidisciplinare dell'INF meno, visto che arriva dopo mezz'ora.

Sono in cinque, il procuratore non c'è, ma non manca la psicologa, l'assistente, una signora che copre l'area legale e altre due assistenti sociali.

Fanno il giro della casa, scattano foto a noi, a ogni stanza, ai giochi, a quello che contengono i cassetti. Mentre la psicologa va di sopra a parlare con i bimbi, le altre restano in salotto a farci le solite domande.

Al termine, partiamo noi: «Come siamo messi a tempistiche? I bambini sono impazienti e proprio qualche ora fa Pao ci ha detto che non sa più come dirvi che vuole andare in Italia e, onestamente, anche noi vi diciamo lo stesso. È evidente a tutti, anche a voi, che le cose dal punto di vista emozionale stiano andando veloci e oltre le più rosee aspettative. Siamo tutti pronti a passare allo step successivo, ossia l'udienza».

Ci risponde l'esperta dell'area legale. «Sì, come sapete, ci sono questi quarantacinque giorni di convivenza obbligatoria prima di poter fare richiesta di una data per l'udienza, e quindi...»

«EH? COME? SCUSI? Adesso i giorni sono passati da trenta a quarantacinque? Ma proprio ieri ho parlato con il procuratore, che mi ha ribadito per l'ennesima volta che i giorni erano trenta!

Quando siamo arrivati in Messico, ci avete detto che, appena iniziata la convivenza, avremmo potuto fare richiesta della data, poi magicamente i giorni sono diventati trenta e adesso quarantacinque? Ma che roba è?» Sto per esplodere.

«Sono sempre stati quarantacinque...» risponde lei con tono pacato.

«E allora ci avete mentito! Oppure ci avete detto una cosa per un'altra, o ancora state scoprendo queste cose via via che il processo va avanti! Ma come può esserci sempre qualcosa che non va?»

La donna non risponde alle mie accuse, ma aggiunge: «Però domani vi faremo firmare il documento di inizio convivenza e...»

La interrompo subito. «Sì, ma la convivenza effettiva è iniziata giorni fa, che data porterà questo documento che firmeremo?»

«Non preoccupatevi, il documento avrà data 3 febbraio, in cui effettivamente è iniziata la convivenza. È solo una formalità. Cioè... la convivenza figurerà iniziata in una data precedente.»

«E ci mancherebbe altro! Ma se ci vuole un mese e mezzo di convivenza obbligatoria, significa che fino a metà marzo non possiamo fissare la data per l'udienza?»

Palesemente a disagio, risponde: «Stiamo pensando di mandare già venerdì, dopo che avrete firmato, una richiesta per anticipare questo iter, in modo che si possa già richiedere una data.»

Ma che confusione stanno facendo?

Siamo delusi e non lo nascondiamo, facciamo fatica a credere a quanto ci dicono, visto il caos che si sta creando.

La psicologa intanto scende e ci informa che è andato tutto bene e che i bambini sono pronti, non solo alla partenza, ma anche a un'eventuale «chiacchierata» con il giudice. Ci spiega, infatti, che il giudice, in sede di udienza, potrebbe decidere di parlare anche con i bambini, ed è importante che siano pronti a rispondere a domande tipo: «Quale sarà il tuo nuovo cognome?», «Sai dove sta il tuo nuovo Paese?», «Come sono i tuoi nuovi genitori?»

Noi non vediamo l'ora che la riunione finisca e non lo nascondiamo affatto: «Adriana, questa cosa non ci preoccupa minimamente, i bambini potrebbero parlare con il giudice già domani. Se mostrate una mappa, Pao sa indicarvi benissimo dove si trova la nuova casa, come si chiama il comune e quante ore di aereo ci vogliono per raggiungerlo da dove siamo ora. Sa anche che l'aereo non atterrerà lì, ma a Roma. Questo proprio è l'ultimo degli ostacoli. Il problema sono le tempistiche di cui stavamo parlando con le tue colleghe».

«Sì, ma vedrete che domani, dopo che avremo firmato l'ufficialità della convivenza, le cose si muoveranno più velocemente» cerca di rassicurarci.

Abbozziamo un sorriso amaro che sa di «ci crediamo davvero poco» e accompagniamo tutti alla porta.

Quando se ne vanno, restiamo soli con i nostri mille dubbi. Con tutta questa confusione, ritardi, sviamenti, responsabilità non ben definite che si rimbalzano da uno all'altro, ci ritroviamo a non capire nemmeno noi a che punto dell'iter siamo arrivati.

Ci domandiamo quanto il licenziamento di Estrella stia pesando sui ritardi che stiamo subendo. La risposta la sappiamo: tantissimo.

Venerdì, 17 febbraio 2023

E ovviamente… arriva la telefonata che purtroppo oggi non firmeremo il documento di inizio convivenza. «Non è pronto…» ci dice un tizio dell'INF.

Ma dai! Abbiamo iniziato la convivenza da tre settimane!

Siamo a terra. Inoltre questo documento, che certificherebbe che i bambini sono affidati a noi in quanto futuri genitori, ci darebbe la possibilità, tra le altre cose, di uscire dal comune di Celaya temporaneamente nel caso volessimo farci una giornata o un weekend fuori città. E invece niente, anche questo fine settimana staremo a casa. Ma tanto all'INF è evidente che non gliene può fregare di meno.

Decidiamo di chiamare Francisco e confrontarci con lui.

Scopriamo che è abbastanza aggiornato, perché ha già parlato con il procuratore Teo e sa che ieri il gruppo INF è stato qui.

Ma la grande sorpresa è dietro l'angolo...

«Teo mi ha detto che purtroppo i tempi sono lunghi, perché i bambini non sembrano essere pronti per l'eventuale colloquio con il giudice» ci spiega Francisco.

«Che? Ma il procuratore ti ha detto questo?»

«Sì.»

«Strano! Ieri la psicologa è stata due ore con i bambini e, al termine, era stupita di quanto fossero pronti! Tra l'altro Teo non era nemmeno presente all'incontro...»

Francisco fa un sospiro. «Non saprei, ragazzi. Il procuratore ha detto che sono stati titubanti quando hanno chiesto loro chi li avrebbe aspettati in aeroporto.»

«Ma se manco noi lo sappiamo! Come fa a saperlo Santi? Questo sarebbe un motivo di ritardo per la richiesta di udienza? Ma non diciamo cazzate! E il documento che dovevamo firmare oggi e che risulta non essere pronto?»

Sto per scoppiare, giuro.

«Sì, anche a me è sembrata una giustificazione strana, ma questo è quello che mi hanno riferito. Penso che vogliano fare un incontro preparativo con i bambini, e poi, a quel punto, potranno inviare l'Informe relativo all'indagine dell'INF e richiedere una data per l'udienza.»

«E quando accadrà tutto ciò?»

«Teo diceva che si sarebbero organizzati per la settimana prossima...»

«Fammi capire bene... Stiamo parlando di uno slittamento di una settimana per fare un incontro preparativo?»

«Così ha detto. Ah, ultima cosa: l'udienza si svolgerà al tribunale di Celaya, non più a Guanajuato.»

Una novità dietro l'altra! Che sia a Celaya o a Guanajuato, a noi cambia poco.

A preoccuparci è lo «slittamento di una sola settimana», parole già sentite di cui conosciamo ormai il vero significato.

Lunedì, 20 febbraio 2023

Riusciamo a parlare con la psicologa e le chiediamo chiarimenti su questa storia dei bambini che «non sono pronti».

«Sì... ecco... Quando ho chiesto a Betty come si chiamasse la città dove andrete a vivere, non ha dato una risposta corretta, quindi su queste cose bisogna lavorare...»

«Ma.. abbi pazienza... Betty è piccola e il posto si chiama Sant'Elpidio a Mare... Manco un bambino italiano se lo ricorderebbe! Se un giudice dà importanza a una cosa come questa, è da ricoverare!»

«Sì, sì, è vero. Però non si sa mai che tipo di giudice si incontra, è meglio che i bambini siano preparati a dovere.»

E vabbè, prepariamoli a dovere... Alla fine decidiamo che la giornata giusta per organizzare gli incontri preparatori con i bambini è giovedì. Prima di salutarci, la psicologa ci tiene a dirci che poi giovedì ci vedremo anche con il procuratore Teo, che ci deve parlare delle tempistiche.

Ecco, quest'ultima frase ci fa tremare i polsi...

Intanto cominciamo a pensare al compleanno di Santi che sarà proprio questo giovedì!

Stiamo ragionando sul fare una piccola festicciola nel parco del *fraccionamiento*, invitando sia le bambine di Casa Esperanza sia i figli dei vicini di casa.

Siamo un pochino nervosi per l'organizzazione, perché non conoscendo gli usi e le consuetudini del luogo non sappiamo quale sia il metro da seguire. Ci informiamo chiedendo a Maria e a Laura che, come ogni volta, si fanno in quattro per darci una mano spiegandoci le caratteristiche della tipica festa di compleanno messicana.

Martedì, 21 febbraio 2023

Stamattina ci alziamo e troviamo le bambine sveglie e già vestite. Solo che, invece della solita divisa scolastica, si sono agghindate per andare a una festa, con tanto di trecce, make-up…

«Sono le 6.30 del mattino, bambine, quando vi siete vestite?»

«Stanotte…»

Dopo uno sguardo con Nati, annuiamo all'unisono, pensando: «Okay, è giunto il momento della prima strigliata».

Con tatto e delicatezza ma anche con una certa fermezza, dico: «Bambine, in questa casa la notte non si fa festa. Quando ci salutiamo e ci diamo la buonanotte, poi si dorme e ci si riposa. Non ci si alza per giocare, vestirsi, truccarsi e pettinarsi, perché poi il giorno dopo vi addormentate a scuola e siete stanche per fare i compiti e andare a ginnastica».

«Adesso andiamo a sistemarci, togliamo il trucco e mettiamo la divisa della scuola» aggiunge Nati.

La colazione e il viaggio verso la scuola avvengono nel silenzio più assoluto: la «bacchettata» sembra aver avuto effetto. Ma non ci illudiamo, ci aspettiamo risposte ben diverse in futuro.

All'ora di pranzo torniamo a prenderli e decidiamo, visto che la mattina siamo stati «arrabbiati» di andare a mangiare dei tacos tutti insieme. È la prima volta che usciamo di casa per un pranzo «in famiglia».

Manco a dirlo, i tacos sono straordinari e abbiamo l'impressione che anche qui in Messico, come in Italia, quando si tratta di andare a mangiare fuori, difficilmente si torni a casa insoddisfatti. Ben venga!

Nel pomeriggio, l'atmosfera è molto più tranquilla, tanto che i bambini ci dicono di volerci fare una sorpresa. Si chiudono in camera e, dopo qualche minuto, escono con le braccia «tatuate» da scritte come *Mamma ti amo, Papà sei il migliore.*

Sorridiamo per il bel messaggio, ma stiamo già pensando a quanto tempo ci vorrà per togliere tutto quell'inchiostro.

«Bambini, è ora della doccia.»

Mercoledì, 22 febbraio 2023

Subito dopo la colazione, Pao ci dice che non si sente bene.

Siccome da qualche giorno non ce la racconta giusta e ha poca voglia di varcare il portone della scuola, crediamo che ci stia raccontando una balla per rimanere a casa.

Decidiamo di minimizzare e di utilizzare il metodo dei nostri genitori. «Hai la febbre? No? Allora stai da Dio, vai a scuola!»

E tutto procede liscio fino alle 11, quando dalla scuola ci chiamano dicendoci che Pao ha la febbre. *Porca vacca!*

Lasciamo a metà il caffè di Starbucks che abbiamo ordinato e voliamo a prendere la bambina.

La maestra, come se stesse per annunciare un decesso, ci dice che sì, la poverina ha la febbre.

«Ah, quanto alta?»

«Eh, non lo sappiamo, non l'abbiamo misurata, ma sicuramente ce l'ha, l'ho sentita con la mano…»

«Ah, ecco.» *L'infallibile metodo della mano.*

In effetti, quando esce dal portone, Pao sembra essere a un passo dal ricovero. Passi lenti, respiro affannoso, si appoggia di qua e di là.

Da quando viviamo insieme, però, abbiamo capito che lei è sempre un po' tragica. Se si ferisce leggermente un braccio o un ginocchio, sembra essere vicina all'amputazione. Per cui siamo attenti a capire quanto ci sia di vero nelle sue scene drammatiche.

La portiamo a casa e le misuriamo la febbre con uno strumento un pelo più attendibile che si chiama termometro e, sì, ha 37,5 °C.

Un po' di febbre c'è, ma l'interpretazione della bambina malata meritava almeno una candidatura al premio Oscar.

Natascia si stende nel letto con lei per tranquillizzarla e le bagna la fronte con dei panni umidi. In realtà, Pao, nonostante la febbre, sembra felicissima che la sua mamma stia lì nel letto a prendersi cura di lei per tutto il tempo.

Nel pomeriggio la febbre le sale un po' e, per scrupolo, misuriamo anche la temperatura agli altri due. Sicuramente non hanno niente: hanno appena finito di costruire una casa segreta con coperte, tavolini, maglie e sciarpe.

E invece… sorpresa! Santi ha 38,2 °C. Ci sembra strano, gliela misuriamo di nuovo e tutto viene confermato. Dei tre è quello con la febbre più alta, nonostante sia quello più attivo.

Okay… calma e gesso.

È la nostra prima esperienza di genitori con figli ammalati. Che facciamo? Ovviamente chiamiamo Maria e Laura, che ci dicono cosa dargli, quanto dargliene e quando darglielo. Andiamo in farmacia, compriamo la medicina consigliataci e seguiamo le istruzioni alla lettera.

Tra le altre cose Maria e Laura ci dicono se abbiamo sentito l'INF, perché nella loro struttura c'è un medico che si occupa delle visite alle bambine della casa famiglia in casi come questi.

Così, verso le 18, con Santi con 39 °C e Pao con 38 °C, chiamiamo Adriana chiedendole del medico e di spostare l'appuntamento del giorno seguente.

«Ah... Eh...» dice lei «Però domani sarebbe importante che almeno voi genitori veniste qui per firmare il documento che ufficializza la convivenza.»

«Domani non possiamo venire» rispondo senza esitazione.

«Ho un'idea! Possiamo fare così: i bambini malati li portate a Casa Esperanza e voi venite qui a firmare questi documenti, che ne dite?»

Ci risiamo.

«Forse non ci siamo spiegati... I bambini hanno la febbre alta, non li facciamo uscire di casa per portarli di qua e di là. Inoltre a Casa Esperanza potrebbero contagiare tutte le altre bambine.»

«Ah sì, certo, non ci avevo pensato...»

«Facciamo una cosa, perché non fate un salto voi a casa nostra con il foglio che dobbiamo firmare? Poi magari se i bambini stanno meglio, puoi approfittare per far loro qualche domanda relativa all'incontro con il giudice. E, già che ci siete, potreste venire anche con un medico, no?» dico cercando di mantenere una calma inesistente.

«Ah sì, abbiamo il medico dell'INF che si occupa delle bambine di Casa Esperanza e può passare anche a visitare i vostri.»

«Eh, sì lo sappiamo, ce ne stava parlando prima Laura...»

«Sì, dai, mi sembra una buona idea, domani passiamo da voi e facciamo sia la visita medica sia la firma dei documenti.»

Chiudiamo il telefono e poggiamo una mano sulla fronte dei bambini. Sarà una lunga nottata.

Venerdì, 24 febbraio 2023

Pao è stata bene dopo poche ore, mentre Santi sembra in miglioramento.

Alla fine ieri è arrivata una squadra dall'INF di Celaya, e siamo riusciti a far visitare i bambini dal medico. Ha iniziato con Pao per proseguire con Santi e, in conclusione, ha controllato anche Betty che, in uno dei suoi eccessi di euforia ha cominciato a tirare fuori dalla borsa del dottore tutti i suoi attrezzi e a utilizzarli. Siamo riusciti a fermarla giusto in tempo prima che usasse lo stetoscopio come un microfono. Alla fine è solo un po' di influenza. Un po' di riposo e di sciroppo.

Inoltre, abbiamo finalmente firmato il documento che ufficializza l'affidamento provvisorio dei bambini in attesa della sentenza, documento che richiedevamo da tempo e la cui firma ci tranquillizza.

Ma, siccome niente è semplice a Celaya, abbiamo scoperto che il documento va prima controfirmato e timbrato, poi la «settimana prossima» ci verrà consegnata la copia, tanto per cambiare.

Altro motivo di scocciatura è che del gruppo dell'INF presente ieri erano assenti ingiustificati sia la psicologa sia il procuratore Teo. Quest'ultimo ci aveva garantito di esserci, perché avrebbe dovuto spiegarci meglio i prossimi passi.

A tal proposito, l'assistente sociale che ci ha fatto firmare il documento ci ha avvisati che Teo ci avrebbe chiamato il giorno seguente.

Oggi è il «giorno seguente», sono le 16 di venerdì e non abbiamo ancora ricevuto nessuna chiamata. Conoscendo ormai i nostri polli, dubitiamo che il telefono squilli prima della settimana prossima.

Sabato, 25 febbraio 2023

Oggi restiamo tutti a casa nel lettone, ma i bambini stanno molto meglio.

L'unico rimpianto è non aver potuto festeggiare il compleanno di Santi.

Vedendo però che i bimbi stanno bene, decidiamo di andare a comprare un dolcetto per fargli spegnere le candeline scartando il regalino che gli avevamo comprato qualche giorno fa, uno stupendo trattore giallo dei Transformers.

Lascio Nati con i bimbi, e vado al centro commerciale alla ricerca di una tortina che possa fare al caso nostro. Compro un dolcetto ai frutti di bosco davvero piccolo, ma molto invitante a vedersi.

Torno a casa e sistemiamo tutto per la minifesticciola casalinga, poi chiamiamo Santi, intonando la canzoncina d'auguri, e lui spegne una candelina che pare gigantesca sopra la minuscola torta.

Quando scarta il regalo, impazzisce di gioia!

Alla fine, la festicciola, seppur più intima di quello che ci aspettavamo, è di quelle indimenticabili.

Tanti auguri, piccolo Santi.

Lunedì, 27 febbraio 2023

Finalmente riusciamo a parlare con Teo.

Ci ripete le stesse identiche cose... Poi aggiunge: «Nel frattempo, potremmo utilizzare questi giorni per avviare degli incontri settimanali con la psicologa in modo che li possa preparare alle eventuali domande del giudice».

«Allora, di quanti incontri stiamo parlando? Perché se sono

due o tre è una cosa, se sono dieci abbiamo paura che si vada a fare peggio creando eccessiva pressione sui bambini, soprattutto sulla più grande, che già ha manifestato una certa insofferenza verso l'INF, perché vi considera un ostacolo al nostro ritorno in Italia. Non vorremmo creare problemi che non esistono, perché, a nostro avviso, i bambini sarebbero già pronti a parlare con qualunque giudice» spiego.

«Ma no, comunque gli incontri sarebbero guidati da professionisti e figuriamoci se non sanno queste cose...»

Diciamo che la risposta di Teo è poco convincente, ma decidiamo di dare il consenso a questi incontri, tenendoci a mente di valutare la reazione dei bambini.

Fissiamo il primo incontro per il primo di marzo.

«Perfetto. Comunque vi richiamerò sicuramente prima per aggiornamenti sulle tempistiche, visto che proprio domani saprò qualcosa in più» dice Teo.

Sottolineeremmo quel «sicuramente».

Mercoledì, 1 marzo

Leonardo, un nostro amico, prima di partire ci aveva detto: «Secondo me, ci mettete meno tempo del previsto, entro la fine di febbraio sarete a casa!»

Caro mio, la tua previsione, molto, molto ottimistica a dire il vero, non si è avverata.

In compenso oggi inizia il programma di preparazione dei bambini. Non si sa se verranno chiamati al cospetto del giudice il giorno della sentenza, ma secondo l'INF è meglio che la psicologa li prepari, onde evitare che dicano cose che potrebbero essere male interpretate.

L'appuntamento è nella sede dell'INF alle 14. Così, per evitare di saltare il pranzo, a mezzogiorno decidiamo di andare a prendere i bambini a scuola, torniamo verso casa a mangiare qualcosa e poi ci rechiamo a questi colloqui.

Arriviamo puntuali alle 14. La psicologa ci saluta e fa accomodare Pao per prima, mentre noi usciamo a giocare con Betty e Santi, in attesa del loro turno.

Il procuratore Teo non si è più fatto vivo, immaginiamo quindi che durante le interviste dei bambini si paleserà.

Intanto arriva una delle assistenti sociali, altro volto familiare, con cui abbiamo parlato spesso, che si siede sulla panchina di fianco a noi e, taccuino alla mano, ci domanda come è andata la settimana, come va con i bambini...

Cerchiamo di aggiornarla, ma puntualmente veniamo interrotti da un «Mamà» o «Papà» di Betty e Santi che chiedono a gran voce di essere spinti sull'altalena, di raccogliere i fiori, di giocare a nascondino. Terminate le solite domande, l'assistente sociale ci saluta e se ne va.

Nel mentre, però, Betty cade e si sbuccia un ginocchio. In preda alla disperazione più totale per una feritina quasi invisibile, chiede a Nati di accompagnarla in bagno.

Dopo una bella rinfrescata, si riprende e torna a correre più veloce di prima: la disperazione è magicamente sparita in soli cinque secondi.

Una volta che la psicologa ha finito con tutti e tre i bambini chiede di parlare con noi per aggiornarci della situazione.

Ma non doveva farlo Teo? Okay, sentiamo.

«Ecco... dallo Stato di Guanajuato non ci avevano avvisato... Servono altri due documenti... Noi eravamo pronti a mandare il faldone con la richiesta per la data dell'udienza, ma abbiamo dovuto bloccare tutto e prendere ulteriore tempo per produrre questi due nuovi documenti. Però, ecco... il tempo di preparare tutto e la settimana prossima avremo delle risposte.»

La guardiamo senza parlare. *Ci risiamo.*

«Adriana, cosa volete che vi diciamo? Qui ne viene sempre fuori una nuova e a noi e ai bambini non resta che subire sempre queste situazioni assurde in silenzio. Vi abbiamo detto mille volte i motivi per cui vogliamo tornare a casa in fretta, motivi urgenti più per i bambini che per noi, però succedono sempre cose strane, e noi cosa possiamo fare? Va bene... Aspettiamo la settimana prossima, non possiamo fare altrimenti.»

Con la psicologa palesemente a disagio, rimaniamo d'accordo di mettere in calendario il mercoledì, come giornata per la preparazione dei bambini, anche se in realtà il mercoledì è il giorno in cui abbiamo l'appuntamento con la logopedista, ma magari lo spostiamo. Pur di affrettare i tempi siamo davvero disposti a tutto.

In macchina il nostro umore è nero. Ancora un rinvio, ancora un'incertezza, un altro documento di cui non ci avevano detto niente. E aspettiamo.

I bambini avvertono questo nervosismo, e il viaggio di ritorno è avvolto nel silenzio. Ci stupiamo sempre di quanto incredibile sia il loro intuito, la loro capacità di capire le situazioni anche quando noi ci sforziamo di nascondere le emozioni.

Questo ci intenerisce e decidiamo di fermarci al centro commerciale. Facciamo un giro nell'area giochi, poi mangiamo una pizza gigante, cosparsa di ketchup e salsa chimichurri come piace a loro – su come mangiare la pizza dobbiamo ancora lavorare molto – e compriamo qualche gadget colorato per la scuola. Sempre con il compromesso che una volta a casa li aspettano *las tareas*, i compiti.

Affare fatto.

Venerdì, 3 marzo 2023

Ci telefona Francisco. Ieri gli abbiamo mandato un messaggio, spiegandogli la situazione, e insieme abbiamo deciso di creare una sola linea con il procuratore Teo. Che ci parli solo lui e poi riporti a noi, per evitare confusione. Pensiamo sia meglio così: anche a livello tecnico, sono cose che lui capisce meglio di noi e sulle quali può anche mantenere un professionale distacco.

Oggi, infatti, Fran ci racconta che è riuscito a parlare con il procuratore. Teo gli ha detto che nella giornata odierna tutti i documenti sono stati inviati a Guanajuato, quindi anche i due mancanti. Nel corso della settimana prossima «sicuramente» Guanajuato ci risponderà e «sicuramente» avremo risposte sulle tempistiche.

Risposte che avremmo dovuto ricevere «sicuramente» in questi giorni.

Domandiamo: «Ma quindi siamo allo stesso punto in cui eravamo dieci giorni fa?»

Francisco, dopo un secondo di silenzioso imbarazzo, non può che risponderci che sì, siamo esattamente allo stesso punto.

Sabato, 4 marzo 2023

Dopo una ricca colazione, anzi, prima della colazione, durante la preparazione della stessa, ci accorgiamo che frigo e dispensa sono vuoti.

A conferma dell'urgenza di andare a fare la spesa, ecco la scena dei bambini, che si contendono a suon di urla l'ultimo cucchiaio di nutella.

Del resto è sabato mattina, nulla fa più «famiglia felice» della trasferta al supermercato, e così saliamo in auto – ah, i bambini hanno dato un nome anche alla macchina, Antonio, che nella loro testa è anche un Transformer, ma di quelli buoni, però – e partiamo in direzione del nostro Walmart di fiducia – non quello che è stato dato alle fiamme negli scontri del 30 gennaio, l'altro.

Superiamo il semaforo, giriamo a sinistra e prendiamo lo stradone dritto. Ed è proprio qui che veniamo fermati da una pattuglia. Si avvicina un impegnatissimo e stanchissimo poliziotto che ci saluta cortesemente.

«*Buenos dias.*»

«*Buenos dias.*»

Tiro fuori libretto e documenti, ma appena il tipo vede la patente internazionale, sembra leccarsi i baffi.

«Ah, italiani, quindi lei non è *el señor* Francisco. E, soprattutto, vedo che non vive a Pachuca.»

E già… «No, la macchina l'abbiamo presa in prestito da un amico.»

Lui continua ad annuire. «Lo sapete che questa macchina non è che potrebbe proprio circolare?»

«Ah no? Come mai?»

«Eh, no, no, no» dice con la faccia del tenente Colombo che ha scoperto il colpevole. «Qui manca il…» nome che nessuno di noi capisce di un documento che nessuno di noi conosce.

«Eh?!»

Ripete il nome del documento mancante, della cui esistenza abbiamo serissimi dubbi, come se fosse fondamentale per far circolare l'auto.

«E quindi?»

«Niente, bisogna fare una multa e chiamare il carroattrezzi che venga a ritirare il mezzo.»

Da dietro sentiamo Santi: «Non è un mezzo, Antonio è un Transformer!»

«Che cosa ha detto il bambino?»

«Niente... Dice che... Niente... In che senso ritirare il mezzo?»

«Eh, per forza, così non potete andare in giro, *señores*.» Poi si mette una mano sul mento e alza lo sguardo verso l'alto, come se stesse cercando un modo per venirci incontro, si spreme le meningi, sembra proprio mettercela tutta per volerci aiutare!

Noi che abbiamo già capito tutto, ci mettiamo il carico. «*Señor*, ci aiuti! Che possiamo fare?»

Dopo qualche attimo di suspance, il poliziotto dice: «*Señores*, io vi voglio aiutare, ma capite che per me mandarvi via è un rischio. Mi mettete in una situazione spiacevole. Se lasciate qualcosa per il disturbo lo accetto.»

Che anima gentile, che cuore nobile! Ci vuole davvero aiutare!

«Certo, certo che capiamo... E... tipo, quanto accetterebbe?»

«Facciamo 3000 pesos.»

Che equivalgono a 150 euro circa, perché secondo lui, tra multa, carroattrezzi e ritiro andremmo a pagare molto, molto di più. *Un'offertona.*

Pensavamo meno, quindi cerchiamo di trattare con un bluff. «Ah, eh... bisogna vedere un attimo se abbiamo questi contanti dietro.»

«Va bene anche una *transferencia*, vi do le coordinate, se volete.» E il tipo, che a dirlo quasi non ci si crede, tira fuori un foglietto con l'Iban scritto a penna, già pronto.

Una transferencia*? Cioè un bonifico? Cioè possiamo pagare il poliziotto anche con bonifico???* Non sappiamo se ridere o piangere, ma decidiamo di optare per il buon vecchio contante, perché onestamente il bonifico al poliziotto non si può proprio sentire.

Una volta presi i soldi, il poliziotto finalmente si rilassa e ci sorride. Del resto il suo compito è aiutare i cittadini, e lui, uomo di immensa bontà e professionista inflessibile, lo ha fatto rendendo felice una brava famiglia! Tutto è bene quel che finisce bene, il fantomatico documento non serve più, e Antonio il Transformer è libero di circolare!

Mentre ripartiamo verso il Walmart nessuno dei due proferisce parola, ma non possiamo far altro che sorridere e scuotere la testa. *Viva México!*

Domenica, 5 marzo 2023

Weekend con i bambini. Andiamo al cinema a vedere *Ant-Man 3*, dopo un'opera di convincimento che è consistita nel far loro vedere i primi due capitoli nella giornata di ieri.

La storia dell'uomo formica sembra essergli piaciuta e oggi andiamo a vedere come prosegue.

Siamo contenti che i bambini siano così interessati a film di supereroi, soprattutto Pao, perché questo significherà in futuro grandi serate film a casa, visto che anche noi siamo appassionati di film della Marvel e ci farà piacere rivederli insieme a loro.

In realtà, la giornata cinema è stata appesa a un filo fino a pochi minuti prima di uscire.

Il motivo? Il difficile rapporto tra Santi e le verdure.

A pranzo, infatti, dopo aver spazzolato le uova e i fagioli, il piccolo non ne voleva sapere di mangiare anche le tre foglie di insalata e le due fette di pomodoro rimaste nel piatto. Nessuna novità, del resto.

Non c'è niente da fare, quando arriva il momento della verdura viene assalito da stanchezza, sonno, nausea, crisi di ogni tipo, e a noi non rimane che chiedere aiuto a tre personaggi che da settimane ci «danno una mano» nei momenti difficili.

Il primo è Don Paco, un signore cattivissimo che porta via i giocattoli ai bambini che non mangiano. Gira per la città, ha il numero di telefono di Nati e la chiama a ogni pasto per sapere se i piccoli stanno mangiando o se è il caso che passi a prendere qualche giocattolo. Nonostante resti questa la sua attività principale, da qualche tempo, non ricordo precisamente da quanto né perché, Don Paco è anche capo della polizia quindi nome spendibile anche in situazioni di «comportarsi male», «non dare retta a mamma e papà» eccetera.

Il secondo è il Signor Luigi, il collaboratore di Don Paco che vive in Italia e che ne farà le veci nel nostro Paese. Anche lui porta via i giocattoli ai bambini che non mangiano, non gestisce squadre di poliziotti, ma la sua caratteristica sono le mani giganti con cui schiaccia i giocattoli e li rompe.

La terza è La Misteriosa, amica dei due sopra. Lei è una sorta di personaggio onirico che si occupa del ritiro dei giocattoli quando Don Paco è impegnato con altri bambini. Però lei, a differenza degli altri due, ha un lato buono. Infatti, quando il bambino si comporta bene, lei ha il compito di riportare a casa i giocattoli confiscati da Don Paco.

«Santi, le mangi quelle verdure o devo chiamare Don Paco a portarsi via il Transformer giallo?»

Con questa frase, telefono alla mano, Nati ha sbloccato la situazione e Santi ha finito il piatto.

Poco prima di uscire, Pao mi si avvicina e mi sussurra complice: «Io so dove... dove... Don Paco nasconde i giocattoli di Santi».

«Eh, ma di che parli?»

«Sì, sì... sono sopra il frigorifero!»

Non posso far altro che lanciare uno sguardo sulla parte alta del frigo dove giacciono due o tre Transformers, e un numero indefinito di macchinine.

«Non dire niente ai tuoi fratelli!»

E usciamo ridendo.

Lunedì, 6 marzo 2023

Il film è stato molto carino, a Pao è piaciuto tantissimo e ci sta già chiedendo quando uscirà il quarto. Le rispondiamo che ci vorrà un po' di tempo, ma la informiamo che di film di supereroi ce ne sono davvero tanti e, se vuole, li possiamo vedere insieme – va più a noi che a lei, ovviamente. Anche Betty sembra soddisfatta, ma abbiamo i nostri dubbi, e lo stesso vale per Santi, ma qui di dubbi non ce ne sono, visto che ha dormito da quando hanno spento le luci in sala fino ai titoli di coda.

Nuova settimana, nuove meravigliose notizie!

Francisco ci chiama dicendoci di aver parlato con il procuratore Teo, il quale gli ha riferito che lo Stato di Guanajuato, da cui stavano aspettando l'autorizzazione per far partire il benedetto iter processuale, ha respinto i documenti sollecitando alcune piccole modifiche. Fran mi tranquillizza dicendo che queste modifiche sono già state fatte e i documenti rimandati a Guanajuato, che entro domani manderà l'autorizzazione.

Inoltre Fran ci dice di aver parlato con il procuratore anche del documento che ci permetterebbe di uscire da Celaya con i bambini. A quanto pare è pronto e ci verrà consegnato domani quando ci recheremo all'INF per l'incontro preparatorio con la psicologa, che è stato anticipato a causa di alcuni problemi di quest'ultima.

Agli ordini!

Martedì, 7 marzo 2023

Da qualche giorno sta facendo un caldo allucinante, tanto che la notte non riusciamo a dormire – anche grazie al nostro amico treno.

Oggi, diversamente dalla settimana scorsa, l'incontro con Adriana avviene con i tre bambini tutti insieme, al termine del quale la psicologa ci dice che tutto procede benissimo, vede i piccoli già molto cambiati rispetto al periodo in cui erano nella casa famiglia, molto più calmi e molto più obbedienti. Rispondiamo che ci stiamo lavorando davvero duramente e che fa piacere che i risultati ottenuti siano evidenti.

«Bene, allora direi che tutto sta procedendo per il meglio e i bambini presto saranno pronti per un eventuale incontro con il giudice, se mai ci sarà. Intanto direi che, in attesa dell'udienza, potremmo continuare con degli incontri a cadenza settimanale, giusto per prepararli al meglio» conclude lei.

«Ottimo, però potremmo spostare gli appuntamenti dal mercoledì al martedì? Per noi è più comodo.»

«Certo.»

Prima di andare via, passiamo dall'ufficio del procuratore Teo, che ci informa sulle novità.

Prima di tutto è arrivato il documento che ci consente di uscire con i bambini anche fuori dal comune. Certo, dobbiamo restare dentro i confini dello Stato di Guanajuato, ma possiamo andare a visitare qualche bella città qui vicino.

Cominciamo a pensare a un meraviglioso fine settimana in famiglia a San Miguel de Allende, quando Teo interrompe i nostri sogni dicendo: «Sembra che il processo avverrà a Guanajuato città, la capitale. Incredibile, visto che la settimana scorsa ci era stato detto che quasi sicuramente si sarebbe svolto a Celaya».

Inutile elencare i motivi per cui questo cambiamento ci penalizzi. Non vogliamo nemmeno immaginare la mole di udienze arretrate che può avere un tribunale grande come quello di Guanajuato, essendo quello principale dello Stato. Chissà quando verrà messa in calendario l'udienza che ci riguarda.

Teo prosegue: «Inoltre, l'autorizzazione a far partire l'iter processuale non è ancora arrivata, ma confido che arriverà in settimana».

«Okay» rispondo. «Ma, in pratica, questa autorizzazione che cosa è? Cioè è la data del processo? Nel momento in cui arriva l'autorizzazione, abbiamo la data del processo?»

«No, in settimana arriva l'autorizzazione, che va poi firmata da voi due e rimandata a Guanajuato. A quel punto loro la rimandano indietro qua da noi completa e sarà allora che potremo sapere una data.»

«Ah, sembra tutto molto facile, rapido e snello. E quando avremo una data? In cinque, dieci o quindici giorni?»

«Io direi che, se non ci sono intoppi, entro dieci giorni, ma anche meno.»

Già… «anche meno»… «se non ci sono intoppi»…

Mercoledì, 8 marzo 2023

Oggi ci svegliamo con la terribile notizia che ieri sono scomparse sei ragazze vicino a un *fraccionamiento* di lusso molto noto, l'Alamo Country Club, sempre qui a Celaya.

Sembra che le ragazze dovessero andare a lavorare come cameriere a un evento proprio nel Country Club e, appena fuori, non si capisce bene se prima del servizio o dopo, siano state prelevate da non si sa chi e portate non si sa dove.

L'ennesimo avvenimento inquietante in una città pericolosa. In questo caso il tutto è reso ancora più angosciante dal fatto che la zona era davvero una di quelle considerate più sicure.

Inutile dire che i volti delle ragazze sono sparsi ovunque. Speriamo che vada tutto bene.

Sfuma anche il sogno di andare a San Miguel de Allende questo weekend. L'auto di Francisco, infatti, dà problemi. Roba da matti, attendiamo il documento per mesi, quando lo abbiamo in mano non funziona la macchina...

Proprio mentre stiamo tornando dalla scuola, dopo aver portato i bambini, comincia a singhiozzare e si accende una misteriosa spia, una di quelle che indicano tutto e niente.

Chiamiamo Francisco per avvisarlo, poi chiamiamo Laura per chiederle se conosce qualche meccanico fidato. Laura ci risponde che ci farà accompagnare da un suo collaboratore, perché il meccanico potrebbe approfittarsi del fatto che siamo stranieri, ma ci dice che il suo collaboratore è libero solo lunedì mattina.

Perfetto!

La ringraziamo davvero tanto e mettiamo nel cassetto il sogno di un fine settimana fuori porta, o almeno, lo rimandiamo.

Nel frattempo ci ricordiamo di esserci dimenticati di avvisare Fran di quanto accaduto martedì, quindi lo richiamiamo e gli raccontiamo dell'incontro con il procuratore Teo.

Ci dice che il cambio di sede dell'udienza non è una buona notizia e decide di chiamare direttamente Guanajuato per saperne di più. Ci richiama dopo cinque minuti, spiegandoci che è riuscito a parlare con l'INF di Guanajuato e gli hanno detto che in realtà non si è ancora deciso il tribunale in cui si svolgerà il processo. Anzi, la faccenda va un pelo a rilento proprio perché stanno cercando di capire quale dei due tribunali potrebbe garantire la data più prossima. «Quindi tutto apposto, tranquilli, alla fine qualunque decisione verrà presa sarà la migliore per voi.»

Ora, in questo turbine di cambi, cose che oggi sono in un modo e domani in un altro, è vero che noi non ci stiamo capendo niente, ma ci domandiamo: non dovrebbe esserci più certezza sulla decisione del tribunale competente? Cioè, non dovrebbe esserci un tribunale competente per questo tipo di processi e basta? Non sappiamo come funziona in Messico, ma questo tira e molla ci lascia un po' confusi.

Comunque la chiamata si chiude con l'ormai solita frase: «Okay, quando potremo aspettarci una data per l'udienza?»

Seguita dall'ormai celeberrima risposta: «Secondo me, la settimana prossima sapremo qualcosa».

La settimana prossima da ormai settimane.

Venerdì, 10 marzo 2023

Il weekend comincia col botto. Tornando da scuola, davanti all'ingresso del nostro *fraccionamiento*, un ragazzo in moto, in un tentativo di sorpasso a destra, ci tocca e cade.

Ci spaventiamo e scendiamo dall'auto, ma lui è già in piedi e ci dice che non si è fatto male. Tutti possiamo riprendere a respirare, controlliamo i danni, ed essendo più o meno equivalenti, decidiamo di non coinvolgere le assicurazioni: ognuno sistemerà il proprio mezzo. Nati mi sussurra di avere un brutto presentimento, ma tutto si conclude con una stretta di mano.

Dopo mezz'ora, la sicurezza del *fraccionamiento* bussa alla nostra porta e ci avvisa che il «ragazzo della moto» ci aspetta fuori dalla zona controllata per parlarci.

«Sicuramente, ci ha visti entrare nella zona residenziale e vorrà provare a spillarci qualcosa» dice Nati.

Vuoi vedere che il suo presentimento era fondato?

Usciamo e ci avviciniamo all'ingresso.

Il ragazzo ci sta aspettando, ma stavolta è in compagnia di altri amici. Capiamo subito che ha un atteggiamento molto più gagliardo rispetto a quello da cucciolo spaventato di poco prima, di conseguenza anche noi alziamo la guardia, non siamo più così amichevoli. In particolar modo, Nati sembra pronta alla battaglia.

Il tipo comincia a dirci che la sua moto è molto danneggiata, che dovremmo almeno pagare la metà dei danni. Ovviamente, gli facciamo presente che anche noi abbiamo i danni alla nostra macchina, ma lui ribatte dicendo che la moto non parte più – l'abbiamo visto salire in sella e andarsene via di corsa cinque minuti fa – e che il danno è gravissimo e sicuramente costosissimo.

I suoi amici gli danno ragione, e la situazione si fa critica.

Nati si agita. «Non pensarci nemmeno, anche la nostra auto ha subito un danno e dovremo già ripagarci quello.»

Io aggiungo: «Se non troviamo un accordo, possiamo chiamare la polizia e coinvolgere le assicurazioni e poi decideranno loro chi dovrà pagare e cosa».

«No, polizia e assicurazioni no, meglio se mi date qualcosa… Perché, guardandovi, vedendo in che posto abitate, voi mi sembrate gente che non ha problemi di soldi!»

Nati esplode e fa un passo verso il tipo. «Ma come ti permetti? Ma che ne sai di chi siamo, di quanti soldi abbiamo, cosa stiamo facendo qua? Ma perché non te ne vai?»

Okay, però calmati, anche meno.

Capiamo che la conversazione è finita, gli diciamo che o chiamiamo la polizia o ognuno si paga il suo, e ce ne andiamo.

Tornati a casa, passata la grinta, il nostro atteggiamento si ridimensiona e ci domandiamo se abbiamo fatto bene… Era meglio dargli qualcosa? Alla fine non sappiamo chi fosse, forse solo uno che ci ha provato, forse uno che non si fa problemi ad aspettarci qui fuori e darci due bastonate. Chiamiamo Laura, santa protettrice della famiglia Cantoro, e le raccontiamo il tutto. Lei ci promette che indagherà, e la cosa ci tranquillizza un po'.

Non troppo, però, perché alle 12 usciamo di casa per andare a prendere i bambini a scuola e teniamo gli occhi sullo specchietto retrovisore per tutto il viaggio con la paura che qualcuno ci stia pedinando.

Sabato, 11 marzo 2023

Siamo ancora vivi!

Ci alziamo presto, ma sento che Santi sta parlando a voce alta, così mi affaccio nella camera dei bambini e noto che dei tre è l'unico sveglio. Onde evitare che svegli anche le sorelle, decido di scendere con lui a preparare la colazione.

Arrivati in salotto, sto per appoggiarlo sul divano, quando mi rendo conto che al suo posto si è già accomodato un gigantesco ragno nero! È proprio nel punto dove, ieri sera, ho appoggiato la testa mentre guardavo *Avengers* con i bambini.

Faccio finta di niente, ma Santi, accortosi che qualcosa non va, si gira verso il divano e lo vede. È così grande che mi domanda se sia un ragno vero o un giocattolo!

Nonostante una pelle d'oca alta un metro, col tono di un Indiana Jones abituato a trattare con tarantole e vedove nere ogni giorno, gli dico: «È un ragno vero, ma puoi stare tranquillo, perché adesso ci pensa papà».

Papà, però, vorrebbe prendere tutta la famiglia e traslocare, invece che avere a che fare con quella bestia, ma in qualche modo afferro una scopa – quella con il manico più lungo che trovo – e lo spingo per farlo cadere dal divano e poi lo trascino fuori dalla porta per evitare di ucciderlo.

Ovviamente dedichiamo il sabato mattina a smontare i divani e a pulire il pulibile, certi che il nido con centinaia di ragni giganti si nasconda sotto ogni cuscino, cosa che, grazie a Dio, non accade.

Dopo un paio d'ore, i divani – e tutta la stanza – sono immacolati, disinfettati e sterilizzati e pronti di nuovo all'uso.

Domenica, 12 marzo 2023

Dopo aver passato una bella domenica, la serata non poteva concludersi in modo migliore. Finalmente, dopo un caldo asfissiante durato settimane, ecco la prima pioggia da quando siamo in Messico. Con Betty già a letto e io sul divano a bere un caffè, Nati, Pao e Santi approfittano del momento: aprono la porta finestra e allungano i piedi nudi di fuori.

Nemmeno il tempo di sentire le gocce sulla pelle, che la pioggia finisce, ma ho l'impressione che la scena di Nati che ride con i suoi bambini resterà uno dei momenti indimenticabili di questo viaggio.

Lunedì, 13 marzo 2023

Stamattina portiamo i bambini a scuola e, durante il tragitto di ritorno, ci chiama Laura chiedendoci per che ora preferiamo che il suo collaboratore Josè ci accompagni dal meccanico.

Le rispondiamo che siamo liberi tutta la mattina.

E così, alle 8.40 Josè bussa alla nostra porta e lo seguiamo verso il garage del meccanico.

A un certo punto, Josè si affaccia al finestrino e ci dice che siamo arrivati. Ma non riusciamo a vedere nessuna officina meccanica... Sorridendo, si accorge del nostro spaesamento. Dovete entrare lì!» e indica un ingresso che, di fatto, è un buco nella parete.

Riusciamo a entrare con difficoltà, ma senza distruggere la macchina.

Di qua e di là notiamo varie auto col cofano alzato, alle pareti pezzi di auto, di ferraccio. Una bandiera del Messico copre una finestra e in un angolo il classico santino formato maxi della Vergine di Guadalupe veglia su di noi. Pare il capannone dove nonno teneva da parte i mobili di quarant'anni fa perché «Non si sa mai se possono servire».

Scendiamo dall'auto seguiti da Josè.

Davanti a noi un signore seduto su una sedia che non si è mosso di un millimetro e non fa minimamente cenno di volersi alzare...

«Salve.»

Cenno con la testa.

«No, sa, la macchina non sta funzionando bene...»

«Eh... Va aggiustata.»

Ma va?

Rimane lì a guardarci, tanto che stiamo per ripetergli che abbiamo un problema, quando ci accorgiamo che dietro di noi sta entrando da quel buchetto di porta una *camioneta* bella grossa.

Okay, probabilmente il meccanico è lui, questo seduto invece è... boh... uno...

Il tipo della *camioneta* struscia lo specchietto destro sul muro, ma non sembra preoccuparsene più di tanto. Ci farebbe più piacere sapere che la camionetta è la sua e non di un cliente... Nel dubbio si raddrizza e struscia anche lo specchietto sinistro. Un po' per uno non fa male a nessuno.

Scende e ci viene incontro, saluta Josè calorosamente e poi ci raggiunge dandoci una stretta di mano.

Il tipo è poco più alto di Natascia e ha una manina davvero piccola, faccia simpatica e un buffo taglio di capelli a caschetto.

Spieghiamo di nuovo il nostro problema. Lui annuisce, come a farci intendere di aver capito tutto.

Ci dice che deve controllare per bene, che potrebbe volerci l'intera giornata e che ci chiamerà verso le 17 per farci un report di tutto, spiegarci dov'è il problema, quanto tempo ci vuole per sistemarlo e quanto ci verrebbe a costare.

Il primo pensiero è: «Questo si terrà la macchina tutta la settimana, dobbiamo trovare un modo per continuare a portare i bambini a scuola, fare la spesa e tutte quelle attività che richiedono per forza un mezzo di trasporto». Ma lo salutiamo e saliamo nell'altra auto con Josè, che ci riporta a casa.

Nel tragitto, quasi a leggerci nel pensiero, Josè ci tranquillizza. «Laura mi ha detto di informarvi che, se il meccanico dovesse tenere la macchina per qualche giorno, lei vi presterà questa.»

Laura, come al solito, ci risolve i problemi prima che si materializzino. Numero uno.

E invece, gran sorpresa! Alle 11 qualcuno bussa alla porta. Apriamo e troviamo Josè che ci avvisa che l'auto è pronta e che, se vogliamo, può accompagnarci a ritirarla.

Ce lo facciamo ripetere, perché non abbiamo ben capito e, una volta assimilata la notizia, saliamo di nuovo con Josè e torniamo dal meccanico che, in poco più di un'ora, non solo aveva controllato l'auto ma aveva anche sistemato il problema. Paghiamo 500 pesos e usciamo con l'auto che va come se fosse nuova. Hai capito il piccoletto!

Martedì, 14 marzo 2023

Come ogni martedì, nella sede dell'INF ci sarà l'incontro con la psicologa.

Alle 7.30 portiamo i bambini a scuola e avvisiamo le maestre che passeremo a riprenderli alle 12, causa impegno nella sede dell'INF.

A mezzogiorno in punto torniamo davanti alla scuola e passiamo prima a prendere i piccoli.

Suoniamo il campanello, si apre lo spioncino del portone blindato e, come sempre, ci identifichiamo. La segretaria, con una faccia un po' perplessa, ci dice che le lezioni finiscono alle 13. Le spieghiamo tutto, lei ci fa aspettare e qualche minuto dopo compare la faccia della direttrice. «Sì, buongiorno. Sapete, i bambini seguono un iter accademico, interromperli così di colpo non va bene, adesso proprio stanno terminando un lavoro... Poi, ecco, noi subiamo anche dei controlli...»

Restiamo a fissarla in silenzio forse per un periodo troppo lungo, tanto che corregge un attimo il tiro mentre ci apre la porta: «Certo, capisco che l'incontro con l'INF è importante, però, ecco...»

Vorremmo dirgliene di tutti i colori, invece, mantenendo un invidiabile autocontrollo, le rispondiamo: «Signora, per noi adesso tutto ciò che riguarda il processo di adozione ha la priorità assoluta, inclusi gli incontri dell'INF, e voi conoscete benissimo la nostra situazione. Noi adesso dobbiamo prelevare i bambini, come avevamo avvisato stamattina, e tutti i martedì sarà così. Se è un problema, i bambini il martedì non verranno a scuola, perché gli incontri all'INF in questo momento sono più importanti di una giornata di studio».

Probabilmente non siamo stati molto simpatici, ma di quale iter accademico ci stava parlando con bambini così piccoli? Ma, soprattutto, chi cacchio vi controlla? Lasciamo perdere, che abbiamo cose più importanti da fare.

L'incontro con la psicologa va benissimo e all'INF sono tutti sorpresi di come i bambini stiano al loro posto, si comportino bene, non urlino, non si buttino per terra, non corrano come pazzi e di come ci ascoltino. Tutti a farci grandi complimenti. Ovviamente nessuno che ci dica quando inizierà il processo, non sia mai.

Alle 16 in punto, mentre salutiamo la psicologa che è appena uscita con l'ultimo bambino, vediamo gli uffici svuotarsi e crearsi una fila infinita davanti alla macchina per timbrare il cartellino. Alle 16.02 l'INF è vuoto. Eh sì, tutto il mondo è paese.

Andiamo a prendere la nostra macchina nel parcheggio deserto e torniamo a casa.

La notizia, quella che ci riporta in piena depressione dopo un paio di giorni in cui sembravamo vedere la luce in fondo al tunnel, arriva alle 21.

Riceviamo un messaggio di Francisco in cui ci informa che ha provato a chiamare il procuratore Teo, ma non gli ha risposto – *ma che strano, eppure erano rimasti d'accordo di sentirsi lunedì pomeriggio* –, così ha contattato l'INF di Guanajuato, e neanche questo gli ha risposto. Allora ha optato per mandare un messaggio e a questo sì, hanno risposto spiegando che da Celaya manca ancora un documento, un originale. Stando a quanto dicono dalla capitale, hanno mandato un'e-mail a Teo spiegandogli qual è l'originale di cui hanno bisogno.

Roba da matti! Manca ancora un documento, l'ennesimo documento. Ogni settimana, da tre settimane a questa parte, manca sempre un documento che, per un motivo o per un altro, o è necessario o non si trova o va rifatto. Ogni volta bisogna nuovamente produrlo e spedirlo, poi – dall'altra parte – leggerlo e valutarlo, e questo fa slittare sempre tutto di almeno una settimana.

Ci mettiamo a letto e guardiamo un film su Netflix di cui non capiamo né trama né dialoghi, tanto abbiamo la testa da un'altra parte. Chiudiamo tutto e spegniamo la luce. Ma chi dorme? *Ciuf ciuf.*

Mercoledì, 15 marzo 2023

Sono le 2 di notte, e abbiamo ancora gli occhi sbarrati. Non vediamo l'ora che sia mattina per chiamare il procuratore Teo e chiedergli informazioni, ma, soprattutto, per sfogarci un po'.

Ma dai, ma come si fa? Ogni settimana manca qualcosa.

Alle 8.30, appena rientrati a casa dopo aver portato i bambini a scuola, provo a telefonare a Teo, che non mi risponde. Gli mando allora un audio di fuoco, chiedendogli tra le altre cose – e senza esimermi dal riportargli tutta la nostra delusione e frustrazione – di trovare un modo per far arrivare a Guanajuato in giornata questo cavolo di documento, onde evitare di far passare altro tempo.

Lui non si scompone e risponde che ha già mandato la scannerizzazione del documento e che in caso serva l'originale lo porterà a Guanajuato lui stesso. Ci ringrazia tanto per esserci messi in comunicazione con lui, e ci augura una meravigliosa giornata.

No comment…

Poco dopo, però, ci telefona per chiederci se possiamo passare in mattinata a firmare un documento – immaginiamo sia quello mancante –, in modo che possa subito partire nel primo pomeriggio alla volta di Guanajuato.

Lo raggiungiamo in ufficio, firmiamo i fogli e chiediamo quali saranno i prossimi passi. Ci dice che dal momento in cui deposita i documenti nella capitale, un funzionario dell'INF di Guanajuato ha il compito di portare il fascicolo al tribunale e chiedere una data per il processo che il tribunale stesso deve riportare entro tre giorni.

Bene, quindi adesso la prossima mossa è capire quando questo funzionario, di cui onestamente non sentivamo il bisogno, porterà 'sti benedetti fogli al tribunale.

Considerando che gli arriveranno tra le mani stasera, e che

domani sarà già giovedì, giornata storicamente troppo vicina al weekend, ipotizziamo che ormai tutto andrà a finire alla settimana prossima.

Mandiamo un messaggio a Francisco e lo avvisiamo delle novità.

Venerdì, 17 marzo 2023

Natascia non ha chiuso occhio tutta la notte. Da ieri sera avrà già vomitato trenta volte.

Deve essere un virus intestinale o un'intossicazione alimentare, fatto sta che la poveretta non ha dormito un minuto ed è ancora più magra del solito. In genere è minuta, oggi è trasparente.

Decidiamo che i bambini non andranno a scuola, perché mi dovrei assentare per parecchio tempo, ma non voglio lasciarla sola.

Nonostante si prospetti una giornataccia, arriva una buona notizia, tramite una telefonata di Francisco. Sembra che il mitico «funzionario fantasma» di Guanajuato abbia davvero depositato in tempo record la richiesta di processo al tribunale della capitale. Ora il giudice ha tre giorni lavorativi per comunicare la data.

Quindi, facendo quattro calcoli... La richiesta è stata depositata ieri, oggi viene contato come giorno lavorativo, ma domani è sabato, lunedì è festa... Diciamo che, se tutto va bene, giovedì o venerdì prossimo avremo una data. E ti pare poco?!

Di notte, avviene un'altra sparatoria. Ci colleghiamo a una pagina Facebook dei residenti della zona che postano notizie su quanto sta accadendo in città.

E, infatti, dopo pochi minuti, qualcuno pubblica un video in cui si vedono chiaramente pattuglie della polizia con tanto di nastro giallo con la scritta POLICIA che non lascia presagire nulla di buono. C'è stata una sparatoria al Parque Morelos, che ha lasciato una vittima, una persona che sembrava passare di lì per caso.

Per chiudere la giornata in bellezza ci voleva proprio questa notizia.

Sabato, 18 marzo 2023

E per iniziare la giornata proprio come avevamo concluso quella di ieri, stamattina veniamo a sapere che sono stati ritrovati i corpi bruciati di cinque delle sei ragazze scomparse qualche giorno fa.

Donne dai diciannove ai quarantotto anni, che andavano a lavorare.

Ovviamente non si sa come le abbiano prelevate, dove le abbiano portate, perché, a quale scopo.

Non si sa niente, e dubitiamo che sapremo altro nei prossimi giorni. Sembra sempre che notizie come questa si tenda più a cercare di dimenticarle in fretta piuttosto che cercare risposte.

Una storia davvero brutta.

Lunedì, 20 marzo 2023

Oggi è festa qui in Messico. Cioè, in teoria la festa sarebbe domani, il 21 marzo, ricorrenza della nascita di Benito Juárez, ma qui funziona che se c'è una festa infrasettimanale, invece che spezzare la settimana lavorativa a metà, si preferisce attaccare il giorno festivo al weekend precedente o successivo andando a creare dei fine settimana lunghi. Dobbiamo ammettere che le feste qui sono davvero tante e i giorni in cui i bambini non vanno a scuola pure. Altra cosa particolare è che gli ultimi venerdì di ogni mese, le scuole sono chiuse per *Consejo Tecnico Escolar*, una sorta di giornata in cui i professori fanno il punto della situazione di quanto fatto nel mese passato e di quanto faranno nel successivo.

Fatto sta che la settimana prossima, venerdì 31 marzo, sarà giorno di *Consejo Tecnico* che si attaccherà alle feste di Pasqua, che qui durano due settimane – però d'estate la scuola si ferma solo un mese –, formando un megaponte di quasi venti giorni.

Ecco perché, durante il weekend, ci siamo messi a cercare una località di mare in cui passare almeno una settimana, magari quella di Pasqua.

Ovviamente, prima abbiamo chiesto il consenso del procuratore per uscire dallo Stato di Guanajuato, perché qui non ci sono spiagge. Ma, incassato il sì e con il computer alla mano, abbiamo scoperto di essere arrivati estremamente in ritardo, perché le poche opzioni rimaste sono davvero fuori dalla nostra portata, economicamente parlando.

A crearci problemi è il non avere neanche una mezza idea sulla data di rientro in Italia: come possiamo fare una stima del budget per una vacanza se non abbiamo idea di quanto resteremo e di quanto costerà il volo di ritorno?

Morale della favola, molto scoraggiati, dopo un paio di giorni di ricerche abbiamo richiuso i computer e deciso che magari, prima di prenotare qualsiasi cosa, è il caso di aspettare di avere una data, almeno quella del processo che, in teoria, dovrebbe arrivare la settimana prossima.

Siamo a cena quando cominciamo a sentire i soliti rumori della notte: colpi di arma da fuoco, spari. Ne sentiamo tanti. Entriamo in Facebook e apriamo la pagina di Celaya.

Sì, alle 8 di sera e a due chilometri da qui, si registra una sparatoria tra civili armati e polizia che lascia a terra cinque persone, pare civili.

Queste notizie sembrano non avere mai seguito. Cioè, oggi trovi questa notizia e ti aspetti che domani o dopodomani potrai saperne qualcosa di più: chi erano i morti, che cosa è successo, come, perché… E invece niente, come per le ragazze scomparse, la cosa nasce e muore lì.

Sparatoria. Cinque morti. Fine. Domani ci sarà un nuovo caso altrettanto cruento di cui parlare.

Nelle settimane scorse ci siamo informati bene su cosa sia davvero successo a questa città che fino a dieci anni fa era famosa in Messico soltanto per la produzione della *cajeta*, una sorta di crema di mou molto dolce fatta con latte di capra che ricorda il *dulce de leche* argentino, e che in poco tempo è diventata l'epicentro di tutta la violenza del Paese.

Sentendo le storie di chi abita qui, siamo venuti a sapere che tutto questo casino ha avuto inizio non per motivi di droga come si potrebbe facilmente pensare, ma a causa di un business forse meno odioso ma altrettanto illegale: il contrabbando di carburante o, come lo chiamano qui, il *huachicol*.

La città di Celaya, insieme a Irapuato e León, è uno dei vertici di uno snodo vitale per il trasporto di carburante per tutto il Messico, grazie alla presenza della raffineria di Salamanca, il passaggio delle condotte di Petróleos Mexicanos (Pemex) proprio nel sottosuolo del *triangulo* e, ovviamente, grazie anche alla centralità della zona che si trova nel pieno cuore del Paese.

Nato intorno al 2015, quello del *huachicol* è diventato un business da milioni di dollari e ha reso il cartello che lo gestiva molto potente, tanto che in pochissimi anni sono diventati centinaia i punti di estrazione di carburante abusivi.

Un mercato così non poteva non attirare l'interesse delle associazioni a delinquere degli Stati confinanti che si sono dapprima affacciati allo Stato di Guanajuato e poi spregiudicatamente inseriti generando di fatto una guerra tra cartelli per il controllo del territorio, guerra che ha portato il commercio di droghe sintetiche, oggi presenti a ogni angolo della città, e anche una mai vista e inaudita violenza nelle strade.

E quando si parla di guerra tra cartelli, «violenza nelle strade» significa sparatorie tra bande criminali, tra cartelli e polizia, esecuzioni, fosse comuni scoperte quotidianamente, civili che muoiono semplicemente perché si trovano nel posto sbagliato al momento sbagliato, rapimenti, sparizioni, negozi dati alle fiamme, bombe molotov contro le vetrine; e di queste notizie ogni giornale, ogni quotidiano, ogni sito di informazioni locali è pieno ogni singolo giorno.

Il risultato è che oggi Celaya è la città più pericolosa del mondo da quattro anni a questa parte e la situazione non ci sembra che sia in miglioramento.

Venerdì, 24 marzo 2023

Siamo tornati da poco dalla scuola e dal supermercato, stiamo sistemando la spesa sugli scaffali, quando il telefono suona tre volte, a indicare una notifica di WhatsApp.

Ci guardiamo e, senza dircelo, ci stiamo domandando: «È il telefono con il numero messicano, può essere soltanto qualcuno di qui. E a quest'ora può essere solo Francisco. Che ci sia la data del processo?»

Fingendo tranquillità, finiamo di sistemare zucchero e pomodori e poi ci avviciniamo al telefono.

Sì, è Fran. Uno dei messaggi è inoltrato. *L'avvocato ci ha appena dato la data del processo. È il prossimo 27 aprile alle 13, a Guanajuato.*

Il 27 aprile. Manca un mese. Siamo divisi tra l'essere contenti di avere una data e abbattuti perché è molto più in là di quanto ci aspettassimo. Abbiamo dei dubbi e decidiamo di chiamare Fran per fugarli.

Lui ci spiega che il giorno del processo parleremo con il giudice per fare in modo che la sentenza passi in giudicato il giorno stesso, senza dover attendere i tre giorni – che, come sappiamo, possono diventare cinque o venti – necessari. Con la sentenza in mano, si aprirà una nuova fase in cui dovremo produrre e richiedere nuovi documenti, alcuni dei quali potranno essere emessi dal Comune di Celaya, altri a Guanajuato, altri ancora a Città del Messico, alcuni addirittura dall'Italia.

«Mettiamo che il 27 il giudice ci dia la sentenza, a quel punto quanto tempo possiamo stimare per avere in mano gli altri documenti? Possiamo dire due o tre settimane?» chiedo.

«Ragazzi, nell'ultima adozione internazionale con una coppia di italiani di cui mi sono occupato, a fare tutto questo ci abbiamo messo una settimana, però sì, verosimilmente è bene pensare che ce ne vogliano due o tre.»

Salutiamo Francisco e, ovviamente, calendario alla mano, cominciamo a fare i nostri soliti conti. Se il 27 abbiamo la sentenza, e ci mettiamo altre tre settimane per fare gli altri documenti, forse nella più ottimistica delle ipotesi saremo a casa per il 15 o 20 maggio.

Natascia, invece, ci crede poco e ci mette un altro mese «di sicurezza», e dice: «Prima della metà di giugno, l'Italia non la vediamo manco con il binocolo».

Sabato, 25 marzo 2023

Ieri, prima di andare a coricarci, ci siamo accorti che il tubo sotto al lavandino si era rotto, allagando il bagno. Abbiamo asciugato tutto e scattato una foto, che abbiamo inviato a Laura per spiegarle l'accaduto.

Stamattina, di buon'ora, Laura ci risponde che il suo collaboratore può passare in mattinata a sistemare tutto. Le spieghiamo che alle 10 dobbiamo portare i bambini dalla logopedista e che saremo di ritorno per le 12.

«Perfetto! Josè sarà lì per quell'ora» risponde lei, sempre ottimista ed energica.

Alle 10 meno qualche minuto, saliamo tutti in macchina per la solita routine del sabato mattina: Santi e Betty a lezione di linguaggio, e Pao con noi a fare la spesa.

Ma facciamo appena qualche metro e ci rendiamo conto che abbiamo forato.

Avvisiamo subito la logopedista, spediamo i bimbi in casa, e ci prepariamo a montare la ruota di scorta. Il nostro entusiasmo viene smorzato quando, tirandola fuori, scopriamo che è davvero piccolissima! Santi, affacciato alla finestra, mi domanda se è una ruota della macchina o di una bici. La appoggio vicino a quella bucata e noto che è davvero la metà! Resto lì a guardarla in silenzio qualche secondo, poi scoppio a ridere. Chiamo Fran che, ridendo come un matto, mi conferma che è il ruotino di scorta e che serve soltanto in caso di emergenza, per portare la macchina al gommista più vicino.

Okay, non resta che cambiare la gomma e poi cercare un gommista.

Manco a dirlo, i bulloni sembrano essere saldati alla ruota da decenni e non riesco a muoverli nemmeno di un millimetro. Basterebbe spruzzarci dell'olio lubrificante per serrature, ma ovviamente non lo abbiamo… Vorrei evitare di dover chiamare Laura per l'ennesima volta, ma mi tocca fare di nuovo affidamento su di lei.

La risposta di Laura è la solita: «Okay, ho capito... Quando arriva Josè ci pensa lui».

E alle 12, puntuale, arriva lui, Josè, il collaboratore-autista-multitasking: prima si trasforma in idraulico e sistema il problema del bagno in cinque minuti, poi in meccanico e in altri cinque minuti ci cambia la ruota.

Josè ci consiglia di portare l'auto dal gommista cui passiamo davanti ogni mattina. Gli chiediamo quanto ci vorrà in termini economici e ci risponde: «Più o meno 50 pesos».

Salgo in macchina e parcheggio davanti all'officina, facilmente riconoscibile perché presenta gomme impilate dappertutto. Al centro del piccolissimo locale, lui, il gommista, il re indiscusso della casa, se ne sta seduto e non sembra avere la minima intenzione di alzarsi.

«Salve, ho forato, avrei bisogno di sistemare la ruota.»

«Ah. La sistemiamo?»

Eh, no, sennò restiamo qui e facciamo due chiacchiere...

«Eh sì, magari...»

Ancora seduto si guarda intorno a controllare di avere tutti gli attrezzi a disposizione, poi si alza e, con una sorprendente grinta, apre il portabagagli, prende la ruota, la porta dentro, la sistema, sostituisce il ruotino, lo mette apposto e mi dice: «*Listo*».

«Quanto?»

«60 pesos.»

3 euro.

Rapporto qualità-prezzo-velocità impagabile!

Lo ringrazio tantissimo e in meno di mezz'ora torno a casa vittorioso. Ottimo lavoro!

Mercoledì, 29 marzo 2023

Alle 13 ci telefona Laura.

«Dove siete?»

«Siamo a casa, ma stiamo uscendo, dobbiamo andare a prendere Pao a scuola, che è successo?»

«Sembra che ci siano novità importanti relativamente alla data della sentenza, a breve credo che vi chiameranno dall'INF...»

Incredibilmente, proprio in quel momento, sotto la chiamata di Laura ne arriva un'altra, è il procuratore.

«Laura, ho Teo che mi sta chiamando, gli rispondo e ci sentiamo dopo.»

«Certo, certo, fatemi sapere.»

Rispondiamo a Teo che sgancia la bomba: l'udienza è stata anticipata all'11 aprile, invece che al 27.

Restiamo a bocca aperta, hanno anticipato tutto di venti giorni, siamo contentissimi!

Per una volta la fortuna sembra aver girato a nostro favore. Ma comunque, dopo tante settimane in Messico abbiamo imparato a non cantare vittoria troppo presto, quindi siamo sì entusiasti, però ecco, aspettiamo di avere la sentenza in mano prima di far festa.

Ma le buone notizie non finiscono qui, la giornata sembra essere di quelle da ricordare: Teo ci dice anche che, a differenza di quanto avviene di solito, il giudice farà passare la sentenza in giudicato il giorno stesso.

Aggiunge, ridendo, che da quel momento in poi, qualsiasi settimana di vacanza decideremo di fare con i bambini, non avremo più l'obbligo di chiedere il suo permesso.

Ci raccomandiamo di usare questa ondata di positività per velocizzare anche la fase successiva all'udienza, nei passi che dovremo poi compiere una volta avuta in mano la sentenza, come atti di nascita, passaporti...

Lui ci risponde che si sta già organizzando per rendere quella fase molto celere.

Speriamo.

Finalmente la notizia è ufficiale, ed è di quelle davvero, davvero buone.

Prima di chiudere la telefonata, lo ringraziamo tanto e lo informiamo che ci piacerebbe visitare qualche città vicina nei prossimi giorni.

Ci risponde che abbiamo bisogno di un'autorizzazione firmata dall'INF.

«Ma... Avevamo capito che bastasse il documento che avevamo firmato e che ci è stato consegnato la settimana scorsa. Sapevamo di dovervi solo avvisare degli spostamenti e dell'itinerario.»

«Eeehhh, no. Avete bisogno anche di un'autorizzazione. Comunque ora non sono in ufficio, ce la facciamo a sentirci domani?»

Sempre tutto complicato. Sempre tutto complicato.

«Va bene, Teo, ci sentiamo domani.»

Venerdì, 31 marzo 2023

In mattinata decidiamo che è ora di telefonare a Teo, perché con tutta questa incertezza, giustamente, abbiamo deciso di aspettare a prenotare. Però, ecco, visto che vorremmo partire lunedì, magari sarebbe il caso che ci venga data questa benedetta autorizzazione.

«Sì, okay, allora. Quando volevate partire?»

«Lunedì 3.» E continuiamo a spiegargli tutto l'itinerario della settimana.

«Ah, okay. Quindi siete fuori da lunedì 3 a venerdì 7, giusto?»

«Sì, è quello che abbiamo detto.»

«Okay, allora se passate lunedì mattina qui all'INF, firmate il documento e ne prendete una copia.»

«Teo, non ci siamo capiti. Noi il 3 vogliamo partire, se in mattinata dobbiamo passare da voi per firmare e prendere il documento, a che ora partiamo?»

«Eh, è che purtroppo oggi non sono in ufficio...» Poi aggiunge motivi fantascientifici per cui non può esserci.

«Sì, ma è una settimana che parliamo di questo viaggio, potevate farlo prima questo documento. Ci siamo visti martedì, cavolo.»

Seguono varie scuse di vario tipo.

«Va bene Teo, facciamo così: passiamo lunedì per firma e ritiro, ma a questo punto preparateci un'autorizzazione che va da martedì a sabato. Facciamo slittare tutto di un giorno, così martedì mattina possiamo partire presto, okay?»

«Okay, ci vediamo lunedì.»

Domenica, 2 aprile 2023

Natascia si sveglia con un gran mal di testa e mal di pancia. Di quelli che non sai se prendere un Normix o un Oki, perché non capisci bene quale dolore è più forte.

Partiamo benissimo!

Alle 10 Laura ha invitato tutte le bambine di Casa Esperanza nella piscina del nostro *fraccionamiento* per passare una mattinata insieme.

Pao, Betty e Santi sono felicissimi e non vedono l'ora che arrivino le 10. Abbiamo comprato loro tutta una serie di costumini e vestitini «da spiaggia» e, appena svegli, li troviamo tutti intenti a decidere cosa si metteranno. Pao sceglie il costume da sirena, mentre Betty quello giallo canarino. Santi uno short blu con un cappellino da pescatore che gli sta da Dio.

L'unica che non sta per niente da Dio è la madre, che vorrebbe solo sprofondare nel letto, ma d'altra parte non si perderebbe per nulla al mondo questa mattinata in piscina, la prima dell'anno.

Verso le 10.20 raggiungiamo gli altri. Fa un caldo incredibile, e i primi a buttarci in acqua siamo noi grandi, seguiti dai bambini.

Di lì a poco, inizia la gara di tuffi a cui prende parte anche – anzi, soprattutto – Natascia. Si avvicina al bordo della piscina e tutte le bambine la seguono stando in fila indiana, poi obbediscono alle sue istruzioni: «Adesso tuffo a bomba!», «Adesso tuffo a stella!»

Dopo aver esaurito ogni tipo di tuffo, comincia un altro gioco, ma stavolta Nati esce dall'acqua tra le grida delle bambine che la vorrebbero ancora lì con loro.

Passiamo una bella mattinata.

Tornati a casa, dopo aver mangiato e riposato, apriamo il sito di prenotazioni online per cercare di fissare i giorni di vacanza a San Miguel de Allende e Guanajuato. Visto il caldo e la «situazione salute» decidiamo di mettere due nuove condizioni nel motore di ricerca: piscina e cancellazione gratuita.

Lunedì, 3 aprile 2023

Alla fine abbiamo prenotato, nonostante Natascia stanotte abbia vomitato in continuazione. Sono tre mesi che non ci muoviamo da Celaya, figuriamoci se la fortuna poteva essere dalla nostra parte! Abbiamo comunque deciso che staremo due notti a San Miguel de Allende, poi per le altre due notti, che dovrebbero essere a Guanajuato, vedremo.

Come da accordi con Teo, alle 10 siamo all'INF per andare a firmare e ritirare l'autorizzazione per questa gita fuori porta. Siamo dovuti uscire con quaranta gradi all'ombra per prendere oggi ciò che richiediamo da due settimane, si poteva evitare, ecco...

Arriviamo un po' di cattivo umore e la cosa non migliora quando, all'ingresso, nessuno sembra sapere niente di noi e del nostro documento.

Facciamo un riassunto di chi siamo e cosa vogliamo, ed evidentemente il tono è così scocciato che le ragazze della reception ci prendono improvvisamente sul serio e corrono a cercare qualcuno.

Alla fine arriva un ragazzo, sostituto del procuratore Teo – in vacanza per le feste di Pasqua –, che è stato incaricato da quest'ultimo di redigere l'autorizzazione.

Perfetto, dai, piacere. Firmiamo e andiamo.

«No, è che il documento non è stato fatto...»

«Ma come no?»

«Eh no, sapete, dobbiamo chiedervi informazioni che non sappiamo, tipo dove andrete, le date precise...»

«Scusate, ma il procuratore venerdì sera ci ha fatto inviare al suo WhatsApp l'itinerario preciso del nostro viaggio, inoltre stamattina la psicologa Adriana ci ha chiamato per chiederci la stessa cosa e anche a lei è stato inviato lo stesso itinerario. Tra l'altro andiamo a un'ora di macchina da qui... Perché continuiamo a mandare itinerari, se non vi parlate?»

Il ragazzo è in evidente imbarazzo, così decidiamo di lasciar perdere, di dare le informazioni necessarie e aspettare questo documento.

Peccato che il ragazzo lavora all'INF da appena quattro giorni e alcuni meccanismi non li conosce benissimo...

Finalmente, tra una cosa e l'altra, alle 12 siamo a casa.

Nel pomeriggio andiamo con i bimbi alla piscina vicino a casa e, mentre ci stiamo rilassando belli tranquilli, arrivano alcuni messaggi di Adriana. Appena vediamo il numero di notifiche, capiamo che qualcosa non va.

In breve, ci ricorda che martedì 11 dobbiamo andare a Guanajuato per l'udienza, e va bene. L'INF, però, si è accorto solo ora che i bambini non hanno un documento di riconoscimento, perciò lunedì 10 – meglio al mattino – dobbiamo avere pronte le fototessere, portargliele, e loro si adopereranno a farne un documento valido.

Ma porca miseria!

Mandiamo una risposta di fuoco, lamentandoci delle tempistiche, del fatto che alla mattina eravamo nei loro uffici e nessuno ci ha detto nulla, che ci sono le vacanze pasquali e i giorni di festa...

In risposta otteniamo una marea di scuse, e tutta una serie di alternative improbabili.

Come al solito decidiamo di accettare la prima proposta, ossia quella di gestirci da soli, ché facciamo prima. Del resto, in quante altre occasioni è stato meglio così?

Martedì, 4 aprile 2023

Alla fine siamo riusciti a partire!

In realtà, quando ho visto Nati che, pallida come un lenzuolo, buttava giù fermenti lattici e antibiotici, ho avuto seri dubbi che ce l'avremmo fatta. E invece, con mia grande sorpresa, alle 8 in punto siamo in auto, direzione San Miguel de Allende. È il nostro primo viaggio in cinque e siamo tutti molto emozionati.

Arriviamo dopo un'oretta e chiediamo alla reception dell'hotel se possiamo lasciare l'auto nel parcheggio e le valigie da qualche parte, in modo da poterci fare un giro a piedi per la cittadina, visto che l'albergo è vicinissimo al centro, e tornare alle 15, ora in cui potremo fare il check-in.

Ci rispondono che non c'è problema e che possiamo lasciare le chiavi della macchina al «valet parking», Osvaldo, che penserà a tutto.

Pochi minuti dopo, zaino in spalla, ci dirigiamo tutti e cinque verso il centro storico.

La formazione con Nati e Pao davanti a guidarci con Google Maps, i piccoli mano nella mano subito dietro e io in fondo a chiudere il gruppo è evidentemente vincente, e la prima uscita di famiglia va alla grande. Infatti i bambini si comportano benissimo, nonostante siano molto emozionati per la prima vacanza della loro vita e ogni cosa attiri la loro curiosità.

Il *pueblo mágico* di San Miguel de Allende ci lascia letteralmente a bocca aperta e ci ricorda quanto meraviglioso sia questo Paese, cosa che avevamo un po' dimenticato a causa dei tanti imprevisti e problemi che stiamo incontrando in questo percorso. Conveniamo che da ora in avanti cercheremo di goderci anche un po' di bellezza, per quanto possibile.

Siamo in una delle città più belle del mondo, piena di case colorate, architettura coloniale e vicoli unici. Sedersi a bere un *chocolate mexicano* o una *orchata* nella piazza centrale e nel Jardin de Allende ammirando la maestosa Parroquia de San Miguel Arcángel non ha prezzo.

Saliti in cima al mirador – a piedi –, ci fermiamo a guardare dall'alto tutta la città, poi decidiamo di fermarci per pranzo in una *taqueria* tipica e molto spartana che sorge lì davanti, praticamente sul ciglio della strada.

Cucina e pentoloni a vista, tavoli e sedie supercolorati e l'immancabile sorriso della *señora* dei tacos. Scegliamo il tavolo con i fiori rosa e iniziamo a ordinare *gorditas*, tacos, *quesadillas*, *tor-*

tas de carnitas con aguacate, immancabilmente accompagnati da *orchata*, *agua de tamarindo*, *de sandia*, e chi più ne ha più ne metta. Neanche a dirlo, è tutto buonissimo e le nostre facce non nascondo la soddisfazione.

A un certo punto, Pao si alza in piedi e ci sorprende dicendoci di voler fare un brindisi. Gli altri due la imitano. Nati e io ci guardiamo e, cercando di nascondere l'emozione, ci alziamo in piedi anche noi.

Pao ci guarda tutti negli occhi e dice: «*Un brindis para la familia!*»

Che meraviglia, ancora una volta ci ricordiamo di quanta strada abbiamo fatto per essere la famiglia che siamo oggi.

Dopo pranzo, decidiamo che si sono meritati un bel pomeriggio di relax nella piscina dell'hotel!

La sera, i bambini crollano piuttosto presto. E ci credo! Dopo un'occhiata all'app nel cellulare, scopro che nel nostro «giretto» di San Miguel de Allende abbiamo percorso ben undici chilometri tra discese e, soprattutto, le salite. Ripensiamo a quanti ci dicevano che con le tre pesti non avremo più potuto viaggiare: «Non vi faranno camminare», «Ah, godeteveli adesso questi viaggi, perché poi...»

Da sempre, anche da «non genitori», crediamo che i bambini siano una parte della famiglia e hanno il diritto di godersi la vacanza tanto quanto papà e mamma. Ci siamo ingoiati una bella dose di «Eh, quando avrete figli capirete...», ma oggi che abbiamo «raggiunto lo status» di genitori e quindi il diritto di aprire bocca sull'argomento «bambini», possiamo dire che continuiamo a pensarla allo stesso modo.

Certo, non è comodo girare per la città con uno zaino pieno di bottiglie d'acqua, ricambi, cappelli, creme solari.

Non è divertente quando uno chiede di andare in bagno, l'altro ha fame e l'altro ancora vuole tornare in hotel a giocare.

Certo, abbiamo capito che se prima camminavamo venti chilometri, ora possiamo farne al massimo dieci, ma ci va bene così.

È inevitabile che il modo di viaggiare cambi, proprio perché deve essere un momento di svago per tutta la famiglia. Fino a ieri non avremmo mai «sprecato» mezza giornata nella piscina di un hotel, ma è vacanza anche per loro ed è sacrosanto che vivano il loro momento di divertimento, così come è giusto che lo vivano i genitori, se la mattina vogliono visitare la città.

Questo è il nostro punto di vista, e oggi è andata proprio come ci aspettavamo. Noi siamo stati bene, i bambini anche e nessuno è stato d'intralcio alla vacanza dell'altro. Replicheremo domani!

Giovedì, 6 aprile 2023

Anche ieri è andata benissimo, i bambini sono super bravi, e Pao sembra anche avere un certo interesse per la fotografia e il video. È diventata un po' l'aiutante della mamma e questo non può farci che piacere.

Betty, invece, è quella che ama stare davanti all'obiettivo: ha un'anima egocentrica ed è un po' la star della famiglia.

Santi… è Santi. Il suo unico scopo è tornare al più presto in hotel per potersi tuffare in piscina e della città non gliene può fregare di meno. Cammina solo perché segue il resto della famiglia, ha caldo, poi ha sete, poi è stanco, ha fame. Inoltre, siccome non guarda dove mette in piedi, inciampa in ogni pietrina e in questi giorni sarà caduto venti volte.

Da una parte ci dispiace andare via da questo *pueblo mágico* e da questo hotel meravigliosi, dall'altra siamo felici perché siamo diretti verso Guanajuato che promette essere altrettanto bella. Infatti ieri Natascia con la frase «Per ora la salute sembra tenere, andiamo avanti!» ha dato l'okay al proseguimento della vacanza.

In realtà non la vedo proprio così in forze, ma ormai la conosco: deve stare a un passo dalla morte per stare ferma. E figuriamoci se si azzarda a privare i bambini di un'esperienza così bella.

Ci facciamo tutti la doccia e andiamo in reception per fare il check-out. A questo punto saliamo in macchina e salutiamo a gran voce la città di San Miguel...

«Ciao, San Migueeeel!!! Ciao!!! Ciao San... Aspetta, oh... Ma cosa...?»

La festa dura appena un attimo. Infatti, la macchina non si accende.

Ci riproviamo. Nulla.

Ahi, Antonio, questo Transformer è veramente difettoso.

È la batteria, non ci possiamo credere.

Il motivo è presto detto: il valet deve aver lasciato accese le luci o la radio.

Invece di urlare parolacce in entrambe le lingue che conosciamo bene, decidiamo di dire tranquillamente ai bambini che abbiamo un piccolo contrattempo e che dobbiamo tornare un secondo in hotel.

Qui spieghiamo l'inconveniente un po' spazientiti ai ragazzi del valet parking che, baldanzosi, ci propongono di attaccare la batteria a un loro furgone. Nati e i bambini restano nella hall e io seguo i ragazzi fino alla macchina. Gli sistemano il furgone davanti e collegano i cavi alle batterie.

Sembra tutto così semplice. Troppo.

Quando faccio girare la chiave dell'auto, parte l'allarme. Di contro, il motore rimane muto. Non so se mettermi a ridere o a piangere.

«Ma che succede?» chiedo

«*No se, patròn. Probemos de nuevo.*»

Stacchiamo i cavi e l'allarme smette di suonare.

Okay, riproviamo.

Ma di nuovo parte la sirena a palla.

Chiamo Francisco e gli spiego la situazione. Mi dice che gli è già capitato e che si risolve facilmente con il telecomando dell'allarme.

«Ma io non ho il telecomando...»

«Mmm, allora bisogna chiamare un meccanico.»

Non ci posso credere!

Torno in reception, aggiorno Nati e chiediamo di chiamare un meccanico di zona.

«Fatto, in quindici minuti sarà qui, è per strada. *Ahorita està llegando.*»

«Ahorita» è diventata la parola più temuta dalla famiglia Cantoro, perché dietro l'innocua apparenza del termine si nasconde un periodo di tempo indefinito che va da cinque minuti a cinque giorni.

Infatti, dopo la bellezza di tre ore, mi giro e vedo questo signore bello panciuto con una maglietta strettissima che arriva all'ombelico, che probabilmente gli stava bene vent'anni e trenta chili fa. Mi porge una manina piccola ma dura e piena di calli. Simpatico pare simpatico.

Quindici minuti e 400 pesos dopo, siamo di nuovo in viaggio, la macchina vola.

Avvisiamo Francisco e lo rassicuriamo che Antonio sta bene. Lui scoppia in una fragorosa risata e ci dice: «È incredibile che ve ne capiti una dietro l'altra, mandatemi una foto delle vostre facce che voglio ridere ancora un po'».

Ci facciamo un selfie e glielo inviamo. Inutile dire che anche questa foto finirà diretta negli album delle nostre disavventure messicane.

In poco meno di un'ora e mezza siamo a Guanajuato, parcheggiamo, lasciamo le valigie in hotel e usciamo a goderci la città.

Venerdì, 7 aprile 2023

Guanajuato è stupenda, molto più autentica della turistica San Miguel. Qui si respira un fascino più decadente.

Nati e Pao sono indivisibili. Con la loro macchina fotografica e mappa alla mano ci guidano per i vicoli e i segreti della città.

Finalmente riusciamo anche ad andare a vedere il famoso Callejón del Beso, il *callejón* più romantico del Messico e scenario di una storia d'amore, che i bambini, soprattutto Betty, amante dei baci e degli abbracci, erano impazienti di conoscere. La leggenda vuole che baciarsi sul terzo scalino proprio sotto i due balconi eviti sette anni di *malasuerte*. Va da sé che non possiamo sprecare questa occasione e anche noi saliamo sul terzo gradino e ci diamo un bacio, tra le risate dei bambini che ci guardano imbarazzati.

Al rientro in hotel, dopo una giornata meravigliosa e ricca di tappe, incappiamo nella famosa processione del Venerdì Santo e siamo molto fortunati perché in Messico, ma soprattutto nello Stato di Guanajuato, sono molto religiosi e la processione è veramente toccante. I partecipanti si vestono in costume per evocare il tempo di Gesù, e le statue di Cristo e della Vergine Maria sono trasportate in spalla attraverso la città con alti mazzi di fiori e candele. La Via Crucis viene rappresentata con le diverse scene di Gesù sulla via del Calvario.

Siamo proprio sul ciglio della strada in mezzo a tantissime persone in religioso, è proprio il caso di dirlo, silenzio e raccoglimento, quando passa la statua del Cristo adagiato su un letto di fiori.

Santi indica la scultura e urla: «Noooooooo, Gesù è morto! È morto!» Qualcuno vicino a noi non può far altro che guardarci e sorridere, mentre noi cerchiamo con imbarazzo di dire a Santi di parlare a bassa voce.

Le nostre parole non fanno troppo effetto, perché poco dopo

la scena si ripete, quando a passare è la statua del Cristo Risorto immerso nella calda luce delle candele e a braccia spalancate. «Uuuuhhhh, guarda papà, un mago!» grida Santi tra le risate della gente che stavolta non riesce a contenersi.

Per fortuna che la processione è quasi finita e togliamo il disturbo dirigendoci verso l'hotel o, meglio, un affittacamere con cucina in comune. Un posto molto carino e centrale, ma che presenta due aspetti un pochino inquietanti.

Il primo è che per raggiungerlo bisogna fare pochi metri in un vicolo molto buio e silenzioso, che di notte fa un certo effetto.

Il secondo è che ogni camera ha un nome, il nome di un personaggio legato a leggende del folklore messicano che spesso trattano del legame tra il mondo dei vivi e quello dei defunti, che in questo Paese è molto molto sottile.

La nostra si chiama *La Lechuza* e per raggiungerla dobbiamo passare davanti a un'altra camera, al piano terra, chiamata *Llorona.*

Quella della *Llorona* è una delle più famose leggende messicane. Racconta di una donna indigena che si innamorò di un gentiluomo spagnolo da cui ebbe dei figli. Quando espresse il desiderio di sposarsi, lui si rifiutò, sposando una donna spagnola di alto rango. La donna indigena, ferita, in un momento di disperazione annegò i propri figli nel fiume e si suicidò successivamente per il senso di colpa. Da allora, di notte, nelle zone vicine a fiumi o laghi risuona il grido della sua voce che, piena di dolore, chiama i figli e in alcuni casi si mostra con il vestito bianco e i capelli neri e lunghi.

Tutti in Messico conoscono questa leggenda, anche i bambini, soprattutto i nostri che ce l'hanno raccontata un sacco di volte.

Ieri, appena siamo saliti in camera, Betty ha notato il nome della stanza e a mezza voce ci ha chiesto: «Ma qui ci dorme la *Llorona*?»

Non potevamo sprecare un'occasione così ghiotta per prenderli un po' in giro, quindi rispondiamo: «Eh, sì...»

Da quel momento, ogni volta che, tornando in camera, passiamo davanti alla stanza della *Llorona*, vediamo i bambini accelerare il passo e correre verso il piano superiore.

Stasera è il momento perfetto per mettere in atto uno scherzetto con i fiocchi.

Appena svoltato l'angolo ed entrati nel vicolo buio che ci porta in hotel, immersi nell'oscurità, faccio partire un audio che ho trovato in rete con l'inconfondibile voce della *Llorona* in sottofondo come un'eco lontana: «*Ayy mis hijos!*». Ci fermiamo di colpo e ci fingiamo stupiti e spaventati.

«Lo sentite anche voi?» chiedo.

Nati si finge sorpresa, e Pao, che invece ha già capito tutto, regge il gioco.

È lei infatti a dire: «Sì, papà io lo sento, sembra proprio… la *Llorona*!!!»

Santi e Betty si guardano intorno cercando qualcuno e nel frattempo si stringono a noi, ma in quel momento Nati urla: «Scappiamo!» E comincia a correre, seguita ovviamente da tutti noi.

Ma siccome il karma è una cosa seria, durante la fuga, Nati inciampa in un gradino e cade rovinosamente a terra insieme a una delle cose più preziose del mondo, la sua macchina fotografica.

Il risultato dello scherzo è una mamma a terra, con entrambe le ginocchia sbucciate, un obiettivo della macchina fotografica abbozzato e risate a crepapelle di tutti quanti.

Sabato, 8 aprile 2023

Dopo due giorni meravigliosi a Guanajuato, la mattina presto ripartiamo per Celaya. Siamo contentissimi perché abbiamo scoperto due città incantevoli, autentiche, sorprendenti, di quelle che ti lasciano il pensiero che forse era meglio restare un altro giorno o due.

Ci rendiamo conto che, con qualche accortezza in più, il nostro soggiorno messicano sarebbe potuto essere meno stressante.

Torniamo a Celaya e conserviamo nel nostro cuore un'avventura fatta di prime volte: il primo viaggio per i nostri bambini, il primo viaggio da due a cinque per noi.

È stato emozionante vedere i loro sorrisi accendersi e i loro occhi brillare, osservarli divertirsi e stupirsi delle piccole cose. E, mentre la vivevamo, ci siamo resi conto che in fondo quella semplice e breve gita fuori porta è stata il più bel viaggio di sempre.

Domenica, 9 aprile 2023

Ieri sera ci siamo davvero spaventati: c'è stata l'ennesima sparatoria, stavolta vicinissima a casa.

Io e Nati cercavamo di alzare il volume della voce per coprire quello degli spari, ma a volte era inutile, perché erano troppo vicini.

In un paio di occasioni il rumore è stato così forte che Pao ha chiesto se fossero colpi di pistola. Le abbiamo risposto che erano botti per la Pasqua, ma eravamo così poco credibili e spaventati che non ci è cascata neanche un po'.

Nei giorni in cui siamo stati via, a Celaya ci sono state cinque sparatorie, con cinque morti. Quasi una al giorno, e non è che la media dall'inizio dell'anno si allontani troppo da questa.

Quando non è una sparatoria, scompare qualcuno, oppure prende fuoco un negozio o un'auto.

Per noi che non siamo abituati, è dura, perché nella guerra tra cartelli rischi di trovarti in mezzo a situazioni di pericolo in qualunque momento.

Lunedì, 10 aprile 2023

Nel pomeriggio, per distrarci un po', visto che domani per noi sarà il giorno dell'udienza, ci organizziamo per andare a fare colazione con Laura e Amelia, una delle sue più care amiche. Con noi ci sarà anche la figlia di quest'ultima, Celeste.

Ci incontriamo al Golf Club, un luogo tranquillo e verde con un parco bellissimo dove i bambini possono godersi l'aria aperta e la splendida giornata.

Mentre i piccoli, insieme a Celeste, grande amante della pittura, si fermano a disegnare sul prato, Laura e Amelia ci danno una carica positiva e ci incoraggiano a stare tranquilli per domani.

Inoltre Amelia, che abita a Città del Messico, ci invita a fare affidamento su di lei per qualsiasi cosa, soprattutto quando inizierà la fase in cui dovremo spostarci a Città del Messico per gli ultimi documenti.

Siamo grati di aver incontrato queste anime nel nostro cammino e, nonostante i mesi in Messico, non smettiamo di stupirci dell'immenso cuore di questo popolo.

Martedì, 11 aprile 2023

È il giorno più importante del nostro soggiorno, nonché uno dei più importanti degli ultimi anni.

Oggi si terrà l'udienza con il giudice, che deciderà se saremo ufficialmente e definitivamente genitori dei nostri bambini.

È il giorno in cui presenteremo in tribunale tutti i documenti, gli allegati, le testimonianze, le valutazioni, i decreti di idoneità di vario tipo raccolti in tanti anni di percorso di adozione, tutti in un unico, grande faldone, che verrà valutato per l'ultima volta. E noi, insieme a lui.

Nei giorni scorsi ne abbiamo parlato spesso con i bimbi e, anche se Betty e Santi non hanno pienamente colto l'importanza dell'evento, sanno che dovranno parlare con un giudice e dimostrare di essere pronti e fare i bravi. Pao, invece, ha capito perfettamente tutto ed è, ovviamente, un pochino nervosa, come noi del resto. Ma è una bambina forte e sicura di quello che vuole, per questo siamo certi che andrà benissimo, e da giorni ormai non manchiamo di farglielo notare.

È mattina presto, la sveglia era puntata per le 6. Pao, Betty e Santi sono consapevoli che oggi non devono fare tante storie e alzarsi senza capricci, perché alle 7.20 ci verrà a prendere un van dell'INF che ci porterà a Guanajuato, e infatti si comportano benissimo.

Ieri sera, prima di coricarci, abbiamo selezionato i nostri vestiti per il gran giorno, ognuno il suo. Betty ha scelto un vestitino viola con la gonna ampia dallo stile un po' vintage, Pao ha optato per una tuta intera in jeans e una T-shirt verde, accompagnata da orecchini e collanina che ha preso in prestito da Natascia, infine Santi indossa una camicetta di Topolino con un paio di pantaloni beige e si è fatto i capelli sparati in aria.

Alle 7.20, puntuale, arriva il mezzo dell'INF. Alla guida troviamo l'autista, che ormai abbiamo avuto modo di conoscere, e a bordo la psicologa Adriana, il procuratore Teo e altre due assistenti sociali.

Dietro di noi, in un'altra macchina, Francisco e Luz, che sono arrivati ieri notte a Celaya da Pachuca e oggi saranno dei nostri. Che bel gruppetto!

Il programma è il seguente: l'udienza si terrà alle 13.30, ma l'avvocato dell'INF di Guanajuato che ci rappresenterà in aula vorrebbe incontrarci prima, verso le 9.30, per spiegarci e prepararci a quello che sarà l'incontro con il giudice. Una volta svolto questo briefing, andremo a pranzo per poi spostarci tutti verso il tribunale.

Arrivati a Guanajuato, ci dirigiamo subito verso gli uffici dell'INF locale. Prima di entrare, il procuratore Teo ci domanda se Francisco ci ha parlato della «questione del traduttore».

Oddio. Puzza di problema.

«Mmm no, che traduttore?»

«Ah no, niente, tanto adesso arriva Francisco, ve lo dice lui.»

«Ah, sì… un piccolo problema» dice Fran. «Ma lo risolviamo subito.»

«Okay, di che si tratta?» chiedo.

«Allora, il tribunale ci ha richiesto per forza un traduttore, nonostante abbiamo spiegato loro che non serva, poiché voi capite e parlate perfettamente la lingua spagnola. Loro vogliono comunque che sia presente.»

«Okay… e dove sta?» chiedo di nuovo, guardandomi intorno.

«Ecco… ne avevamo assunto uno, ma ieri ha avuto un problema personale ed è dovuto tornare in Italia.»

Ah, meraviglioso. «E quindi?»

«Quindi le cose sono due: o chiediamo un rinvio, ma chissà a quando si va a finire, o…»

Ovviamente avremmo accettato qualsiasi cosa pur di evitare un rinvio.

«…Oppure mi presento io come traduttore e, nel caso insistano perché sia presente un professionista, entro con voi come tale.»

Nel frattempo, Teo annuisce con un sorriso sornione del tipo «e anche stavolta l'abbiamo risolta», come se fossimo in una botte di ferro.

«Ma Fran, tu non sai una parola d'italiano!»

«No, be', proprio nessuna nessuna, no. Buongiorno, spaghetti, mangiare… Queste cose qui le so.»

Cazzo, siamo apposto, allora!!!

«Ah… ma tu credi che non si accorga nessuno che non sai la lingua?»

«No, il piano è questo: se si impuntassero nel volere un traduttore, entrerei io e vi "tradurrei" simultaneamente quello che viene detto durante l'udienza. Ma lo farei a voce bassa, ovviamente dicendo il nulla, e voi non dovreste far altro che annuire, come se steste capendo tutto quello che vi sto dicendo.»

Il procuratore Teo, più che mai convinto, aggiunge: «Secondo me è una buona idea».

Porca vacca, ma scherzi? È un piano infallibile.

«Eh, Fran, che ti dobbiamo dire? Speriamo che non ti chiamino mai, ma pur di evitare un rinvio, facciamo un po' questa cosa…»

Definito il «piano del traduttore», entriamo negli uffici dell'INF di Guanajuato.

Ad accoglierci troviamo l'avvocato che ci rappresenterà in udienza. Si presenta come l'avvocato Gutierrez e dice che ci siamo visti nella famosa call di novembre 2022. Io, onestamente, non me lo ricordo, ma ovviamente confermo. È un tipo simpatico e un po' particolare: bello in carne, pochi capelli, occhiali rotondi e belli spessi che gli piazzano in faccia due occhi troppo grandi anche per quel faccione che si ritrova. Di primo acchito, però, sembra sapere la sua.

Ci spiega come funzionerà il tutto, che dovremo alzarci ogni volta che la giudice arriva, quando se ne va e tutte le volte che le rivolgiamo la parola.

Ci dice come e dove dovremo sederci, cosa dire e cosa non dire e le eventuali domande che ci verranno poste, che verranno sentite come testimoni la psicologa Adriana e una delle assistenti sociali venute con noi, e che i bambini rimarranno durante il processo con una psicologa locale in un'altra stanza. La giudice potrebbe decidere, e probabilmente lo farà, nel mezzo dell'udienza di andare nell'altra stanza e «interrogare» anche loro. Il tutto durerà un paio d'ore, poi chiederanno alla giudice che la sentenza, se positiva, possa «passare in giudicato» già oggi, per accorciare i tempi.

«Tutto chiaro?»

«Chiarissimo!»

«Ci ritroviamo alle 13.10 al tribunale di Guanajuato.»

È quasi mezzogiorno e sarà che ci siamo svegliati molto presto, sarà la tensione, decidiamo di andare a mangiare qualcosa prima del grande evento. Tutti noi del gruppo vacanze INF di Celaya procediamo a spasso spedito.

Puntuali, alle 13.30, attendiamo di essere chiamati dalla segretaria della giudice.

Vicino a noi, l'avvocato ci chiede se siamo nervosi.

«Un pochino sì, dai. È sempre un'udienza davanti a un giudice ed è la prima volta per noi.»

«Eh, io pure sono nervoso.»

Ah, ci fa piacere.

Sembrano nervose anche la psicologa e l'assistente sociale che verranno chiamate come testimoni e lo è anche Pao che abbiamo lasciato con la psicologa locale in un'altra stanza, insieme ai suoi fratelli. Gli unici del gruppo che non sembrano nervosi sono Santi, che è interessato solo al suo Transformer giallo che ha immancabilmente portato con sé, e Francisco, il «traduttore tarocco», che alla fine non è stato chiamato a espletare i suoi servizi, ma che se anche fosse accaduto, dubito avrebbe perso il suo buonumore.

Entriamo e ci sediamo sulla destra, insieme all'avvocato Gutierrez, sulla sinistra si accomodano il procuratore Teo e la capa dell'INF Guanajuato. Appena davanti alla scrivania della giudice, sul lato dove si trova la segretaria, siedono altre due signore, che non ricordiamo quale ente rappresentano. L'avvocato Gutierrez ce lo ha sicuramente spiegato nel briefing del mattino, ma al momento abbiamo un vuoto mentale.

Quello che sappiamo è che qui, in questa stanza, tutti vogliamo lo stesso risultato.

La giudice entra e ci alziamo in piedi, fino a che lei ci dice che possiamo sederci.

Tutto procede come preannunciato dall'avvocato: le persone in aula si presentano, compresi noi, si spiega bene il motivo per cui siamo qui e poi la giudice ci espone i doveri che sopraggiungono con l'adozione per la quale ci stiamo proponendo. Ci chiede poi se, alla luce di tutto ciò, vogliamo procedere con la richiesta.

In piedi. «Sì, *su señoria*.»

A quel punto, la giudice ci avvisa che è giunto il momento di andare a parlare con i bambini. Ci dice che il colloquio sarà molto informale e che potremo seguirlo da un monitor.

Ci alziamo, esce, ci risediamo e sul monitor compare l'immagine dei nostri tre bambini attorno a un tavolo intenti a giocare a qualcosa, mentre urlano come se fossero a casa.

L'audio è buono e il video pure.

Vediamo entrare la giudice, senza toga, e capiamo che Pao ha già chiaro cosa sta accadendo. Ci aveva detto di avere poca voglia di parlarle ed è molto evidente.

La giudice si presenta e, mentre Pao la guarda con diffidenza, Betty e Santi la salutano, giusto per educazione.

La giudice chiede ai bambini come si chiamano e il primo a rispondere è Santi che, con «*Yo me llamo Alejandro Santiago Cantoro Diomedi*», rende l'udienza una strada in discesa. Anche le bambine usano il loro nuovo cognome e la giudice sembra colpita.

Il nostro avvocato ci guarda soddisfatto. I bambini hanno segnato un bel goal a nostro favore.

La chiacchierata continua tra momenti di ilarità, come quando

Santi dice: «Mia mamma è la mia fidanzata» e tutti si mettono a ridere, momenti in cui Betty rivolge l'attenzione solo ai suoi giocattoli, e momenti perfetti, come le risposte corrette di Pao che non ne sbaglia una.

Pao è comunque schiva e a disagio e questo atteggiamento conferma i nostri dubbi: gli incontri preparativi con l'INF le hanno trasmesso una pressione eccessiva. Erano davvero necessari?

Il colpo del k.o. arriva comunque quando la giudice chiede a Santi cosa gli piaccia di più dei suoi genitori e lui risponde: «*El amor*».

In aula ci guardiamo come se il verdetto sia già definito. Ci hanno pensato i bimbi.

Siamo orgogliosi di loro. Malgrado siano ancora piccoli, ne hanno affrontate talmente tante nella vita e ancora oggi sono qua forti e resilienti a giocarsela davanti a un giudice.

Non che avessimo bisogno di conferme, ma sono le persone che più stimiamo nella nostra vita.

La giudice torna, togata, ed è il turno dei testimoni, ma ormai abbiamo tutti l'idea che sia una formalità. E infatti, dopo poco, ci dice di uscire per darle il tempo di redigere la sentenza e tornare in una mezz'ora.

Usciamo dall'aula e ad aspettarci ci sono una marea di persone. Francisco e Luz ci domandano come sia andata, mentre i bambini si mettono a giocare con la psicologa facendo ridere tutti con le loro battute.

Ci si avvicina un sacco di gente che ci chiede foto per il sito del comune, per la pagina dell'INF, per un ente di sensibilizzazione all'adozione, ci domandano se siamo disponibili per delle videoconferenze per parlare della nostra esperienza, e ci fanno firmare delle liberatorie per poter caricare le foto dei bambini nelle pagine del sito.

Chiediamo a Fran come mai tutto questo trambusto e lui ci

risponde che è la prima adozione internazionale dopo tantissimi anni in questo Stato e sono tutti un po' curiosi e nervosi, soprattutto perché un'adozione di tre fratellini è più unica che rara. Ci dice di goderci questo momento da rockstar.

Dopo un'ora buona, la segretaria ci richiama: la sentenza è stata emanata ed è positiva.

Siamo genitori!

Tutti ci fanno i complimenti, ed è un momento bellissimo, perché è la vittoria di tutti.

Ma è, soprattutto, la vittoria della nostra famiglia.

Mia e di Nati, perché dopo anni a produrre documenti, siamo finalmente, definitivamente, ufficialmente genitori. E dei nostri figli, perché ci hanno sognato, ci hanno aspettato e se lo meritano più di chiunque altro.

Ovviamente, perché in questa avventura messicana deve esserci sempre un «ma», la giudice ci avvisa che, essendo molto tardi e necessitando noi di un numero importante di copie certificate della sentenza, rimanda la consegna di queste ultime al giorno successivo. «Anzi, meglio giovedì mattina» dice.

Ci guardiamo e capiamo che entreremo in possesso di quelle copie solo la settimana prossima.

Diciamo che la buona notizia di oggi è di quelle così buone che l'ennesimo ritardo viene accolto di buon grado. Del resto, siamo in Messico e piano piano stiamo imparando a conoscere questo Paese.

Mentre usciamo al tribunale si scatena un diluvio, il primo vero acquazzone che vediamo da quando siamo qui e, prontamente, l'autista si materializza con il van del'INF su cui saliamo tutti a bordo.

Non facciamo in tempo a fare venti metri che il pianto disperato di Santi squarcia il momento gioioso del gruppo di ritorno a Celaya: il Transformer giallo è rimasto al tribunale.

Non ci sono opzioni, va recuperato. Facciamo fermare l'autista e il procuratore Teo si propone di scendere dal van e andare a cercarlo.

Dopo cinque minuti lo vediamo ricomparire, e l'immagine di Teo sotto il diluvio con il Transformer giallo in mano è una della più divertenti della giornata.

Dentro il van qualcuno lo fa notare e tutti scoppiamo a ridere.

E questa giornata, difficile e stupenda allo stesso tempo, non poteva che finire con questa scenetta.

Venerdì, 14 aprile 2023

Dove eravamo rimasti? Che ci davano i documenti giovedì mattina? Che poi il procuratore Teo volava a Guanajuato a prenderli in modo da poter iniziare entro il weekend le pratiche relative alla modifica degli atti di nascita? E chi ci ha mai creduto?!

Puntualmente i documenti non ci sono ancora. Come mai non siamo sorpresi?

Ieri, in serata, abbiamo sentito il procuratore, giusto per non lasciare niente al caso. Lui ha chiamato l'avvocato Gutierrez, il quale gli ha risposto che in mattinata, come da accordi, era andato in tribunale per prendere i documenti ma che «incredibilmente» non erano pronti. Ha detto che avrebbe riprovato domani, cioè oggi.

Alle 17, giusto perché ci piace sentirci dire di no in faccia, chiamiamo Teo e gli chiediamo news. «Incredibilmente» manco oggi i documenti erano pronti, ma lo saranno «sicuramente» lunedì.

Ed ecco qua che, per le solite stupidaggini, è volata via un'altra settimana.

Siamo stati in tribunale martedì scorso e avremmo potuto, se tutti lo avessero davvero voluto, aver già modificato gli atti di nascita, e invece no: una settimana dopo, siamo al punto in cui eravamo, senza niente in mano.

E anche oggi i bambini ci hanno chiesto quando saremmo partiti per l'Italia, e anche oggi abbiamo dovuto dire loro: «Non lo sappiamo».

Sabato, 15 aprile 2023

Oggi giornata triste qui nello Stato di Guanajuato. In mattinata si sono registrate due sparatorie in due diverse zone della città di Celaya, che hanno lasciato due feriti.

Nel pomeriggio invece, in pieno giorno, alle 16.30 un commando armato è entrato in un balneario, un centro con piscine e giochi per bambini, e ha iniziato a sparare uccidendo sette persone, tra cui tre bambini. Questo è successo nel municipio di Cortazar, un comune a una quindicina di minuti di auto da Celaya.

Terribile pensare che ciò sia accaduto in un posto frequentato da famiglie, di sabato e a un'ora di punta, dove il rischio di uccidere anche gente diversa dagli obiettivi del commando era quindi molto alto. Un posto che avremmo potuto frequentare anche noi, per esempio.

Proprio ora, mentre scriviamo, sono le 20.30 e sentiamo dei botti, probabilmente spari, non lontani da qui. Siamo certi che tra un'ora su internet cominceranno a girare notizie di qualche altro accadimento di quelli che ti fanno cadere le braccia. Oppure no, abbiamo imparato che le sparatorie diventano notizie solo quando disgraziatamente feriscono o uccidono qualcuno. A volte, sai che ci sono state solo perché le hai sentite – o vissute – con le tue orecchie.

Lunedì, 17 aprile 2023

Ci mancavano i gattini…

Ci manda un messaggio Laura, da Firenze, poiché è in Italia per qualche giorno di vacanza, e ci dice che nel *fraccionamiento* sono stati trovati una gatta mamma e i suoi sei gattini appena nati. Vanno girando per il quartiere e mangiano pochissimo.

Laura è una grandissima amante degli animali, proprio come noi, e questo è uno dei motivi per cui lei e Nati sono entrate subito in sintonia.

Nel messaggio Laura ci chiede se possiamo accogliere con noi questa famigliola di gatti di strada per un periodo, almeno fino a quando non verranno adottati. Poi ci spiega che ci fornirà tutto quello di cui abbiamo bisogno – e figuriamoci se non aveva già pensato a tutto – e che dobbiamo soltanto andare a prenderli a casa di Lucia, un'altra ragazza che vive nel *fraccionamiento.*

Decidiamo di non dire niente ai bambini, ma soltanto che ci devono accompagnare a casa di una persona e che c'è una sorpresina per loro.

Quando arriviamo, Lucia ci sta aspettando con la cassettina, un sacchetto di crocchette, alcuni piattini e ovviamente i sei cuccioli e la mamma gatta.

Prendiamo tutti e li portiamo a casa nostra e scopriamo che Pao è portata per gli animali: ha una delicatezza unica e il giusto modo. Betty e Santi, invece, che ovviamente sono più piccoli e caciaroni, è meglio se li teniamo a distanza e gli facciamo vedere i cuccioli a piccole dosi.

Mentre guardo Nati, i bambini e i gatti, mi affretto a puntualizzare: «Ragazzi, sono bellissimi, ma lo sapete che sono qui per trovare una famiglia e non possiamo portarli a casa in Italia».

I bambini sembrano capire subito, mentre Nati mi liquida con un «Va bene, dai, dopo vediamo…»

E niente, so già che ogni adozione di questi gattini sarà un trauma.

Ah, tempo cinque minuti, e ovviamente sia i cuccioli sia la mamma hanno un nome: Azucar, Canela, Gamora, Rocket, Quill, Drax, Groot.

Nel frattempo, mentre siamo lì un po' incasinati con i gattini, ci telefona il procuratore Teo, informandoci di essere a Guanajuato città e che gli stanno consegnando i documenti necessari per poter andare al Registro Civile e modificare gli atti di nascita dei bambini. Chiude dicendoci che ci richiamerà, documenti in mano, appena avrà preso appuntamento con l'ufficio Anagrafe.

Ci salutiamo e incrociamo le dita affinché i documenti arrivino nelle sue mani senza intoppi e l'appuntamento con il Registro Civile non slitti a Natale per strani motivi che si sentono solo qui.

E invece, sorpresa! Nella seguente telefonata, Teo ci avvisa che i documenti sono okay e che domani, alle 13.30 dobbiamo trovarci tutti e cinque all'INF perché abbiamo appuntamento all'anagrafe alle 14.

«Ottimo, che documenti dobbiamo portare?»

«I vostri passaporti e le tessere di identità che vi hanno dato all'ufficio Immigrazione di San Miguel.»

Chiediamo se ci daranno tutti gli atti di nascita già domani, ma ci risponde che ci vorranno due o tre giorni.

E figuriamoci!

Martedì, 18 aprile 2023

Ieri abbiamo avvisato i bambini che quella di oggi sarà una lunga giornata, che usciranno un po' prima da scuola e che andremo all'INF.

Pao ci ha detto chiaramente: «Ancora? Io odio l'INF», mentre Betty e Santi hanno capito benissimo che non ci credevamo manco noi quando abbiamo promesso che saremmo tornati a casa a giocare in un attimo.

Stamattina portiamo a scuola i bambini alla solita ora e passiamo a prenderli alle 13.

Fa un caldo allucinante e valutiamo di portarci dietro un bel po' d'acqua e qualcosa da mangiare, visto che andiamo diretti all'INF.

Inoltre, decidiamo di non farli nemmeno cambiare, del resto non abbiamo il tempo di tornare a casa per farli rinfrescare e cambiare i vestiti.

Evidentemente, la cosa risulta un po' strana ai bambini che, in un paio di occasioni, ci dicono: «Ma andiamo vestiti così? Non ci cambiamo???»

Appena arrivati all'INF, incrociamo una delle assistenti sociali e ci dice che sta andando a prendere delle felpe per i bambini.

Non capiamo bene di cosa stia parlando... *Ci sono trentacinque gradi fuori, le felpe a cosa servono?*

I bambini indossano la polo e i pantaloni della divisa. *Vabbè, è andata, quando torna ci faremo spiegare, o magari abbiamo capito male.*

La risposta ci arriva nel momento in cui saliamo tutti in una delle due macchine e l'assistente sociale ricompare con tre felpe con cappuccio: l'ufficio anagrafe si trova nella colonia – quartiere – dove i bambini sono nati e vissuti, una piccola comunità dove tutti conoscono tutti e dove quasi tutti hanno vincoli di parentela tra loro. Ecco perché è «meglio» che i bambini abbiano il volto coperto e che nessuno li veda.

«Ma saremo al sicuro? Cioè, è una zona pericolosa?»

«Non è una delle zone più violente della città, ma è meglio che i volti dei bambini siano coperti.»

Se l'assistente sociale voleva tranquillizzarci con questa frase, di sicuro non ci è riuscita.

Rimpiangiamo il momento in cui pensavamo che le felpe servivano a coprire le polo della scuola.

Saliamo a bordo ed è inutile dire che facciamo il viaggio di andata piuttosto preoccupati, anche perché siamo un esercito di persone: nel nostro van ci sono anche il fido autista dell'INF e la psicologa Adriana, mentre dietro veniamo «scortati» da un'altra macchina dell'INF con a bordo il procuratore Teo, l'assistente sociale, e altri due ragazzi belli grossi, oltre l'autista, che pure piccolo non è.

Alla richiesta del motivo della presenza di questi ultimi, la risposta è: «Non si sa mai». Continuiamo a essere molto tranquilli, insomma.

Arrivati nel paesino appena fuori Celaya, parcheggiamo le macchine una dietro l'altra, facciamo per scendere e l'autista ci dice di aspettare. Uno dei ragazzotti dell'altra auto scende, si guarda intorno e viene incontro alla nostra.

«Allora, scende un adulto alla volta con un bambino, e mi raccomando, bambino con cappuccio tirato su.»

Cominciamo a pensare che verremo colpiti da una pallottola appena scesi dall'auto.

Scendo prima io con Betty incappucciata in braccio, il ragazzotto dell'INF si guarda intorno e mi accompagna fino all'ufficio. Poi torna indietro e fa lo stesso con Natascia e Pao e poi con la psicologa che porta Santi con sé.

L'impressione è che con tutta questa sceneggiata attiriamo su di noi più sguardi incuriositi di quanti ce ne avrebbero concessi se ci fossimo comportati normalmente, ma, alla fine, sono quelli dell'INF a conoscere questa zona, non noi, e se secondo loro è meglio fare così, probabilmente hanno ragione.

Entriamo nell'ufficio puntualissimi alle 14, e dietro di noi chiudono l'edificio del Registro Civile a chiave. Percepiamo una sensazione di insicurezza e dalle finestre vediamo che sono in molti a essere stati attratti da questa situazione e a voler sapere chi si trova dentro gli uffici.

Ci fanno entrare in una stanza in cui hanno lasciato cinque sedie e, sul tavolo, fogli e colori. I bambini cominciano a disegnare e noi ci sediamo ad aspettare di essere chiamati, con noi c'è anche la psicologa Adriana. Nell'altra stanza la funzionaria del Registro Civile è con un collega e con il procuratore Teo, mentre nella sala d'aspetto c'è tutto il resto del gruppo dell'INF.

Dopo un'ora che siamo lì, ci affacciamo per sentire se andava bene e ci dicono che è tutto okay, che questa è una pratica già complicata di suo, a maggior ragione in questa situazione, poiché «di adozioni internazionali qui se fanno poche». Noi ci guardiamo negli occhi ed è evidente che pensiamo la stessa cosa: *Non ne hanno mai fatta una.*

Alle 16, dopo due ore, siamo ancora nella stanza, fa ancora più caldo di prima, le finestre sono tutte serrate per motivi di sicurezza e il minuscolo ventilatore a soffitto non aiuta di certo. Siamo tutti sudati e i bambini cominciano a lamentarsi di avere fame, sete, sonno, quando finalmente ci chiamano dall'altra stanza. Diamo un telefono ai bambini, così possono vedere intelligentissimi video su YouTube, chiediamo alla psicologa di dar loro un'occhiata e andiamo di là.

Il procuratore Teo ci chiede se abbiamo con noi i nostri atti di nascita.

«Ma Teo, ci hai detto ieri che dovevamo portare solo i passaporti e le tessere di riconoscimento. E comunque no, non li abbiamo. Dovreste averli voi, insieme a tutto il materiale che vi abbiamo mandato più volte, prima di arrivare in Messico.»

«Eh, è che nel faldone non li troviamo.»

«Ma come non li trovate, Teo? Come facciamo adesso?»

«Voi non ne avete altre copie?»

«No che non ne abbiamo! Perché dovremmo averle, se vi abbiamo consegnato gli originali? Cioè magari spulciando tra le e-mail possiamo trovare quelli che abbiamo mandato all'associazione.»

«Eh, ma servono firmati e apostillati.»

«Allora come facciamo ad averceli?»

C'è poco da cercare, i nostri atti di nascita, preparati in Italia e apostillati, sono stati inviati insieme a tutto il resto della documentazione, punto. Li devono avere loro.

Prendiamo dalle mani del procuratore Teo il faldone e cominciamo a spulciare tutta la documentazione, ed effettivamente questi cavolo di atti di nascita non ci sono... Ma com'è possibile? Che l'INF se li sia persi? La frustrazione e l'incazzatura si leggono nei nostri volti ed è evidente che tutti nell'ufficio se ne accorgono perché improvvisamente cala il silenzio.

Cominciamo a sudare ancora di più, perché la domanda che sia io sia Nati ci stiamo facendo in questo momento è: «E se non si trovano, come facciamo? Bisogna farli rifare. Ma, se per quello di Nati sarebbe già complicato, per il mio sarebbe un'apocalisse, perché bisognerebbe contattare il comune di Buenos Aires, farlo mandare in Italia, apostillarlo...»

No, non ci vogliamo nemmeno pensare.

Alla fine viene fuori che gli atti di nascita nostri probabilmente sono in un altro faldone, quello usato per l'udienza della settimana scorsa, che è diverso da questo e che si trova negli uffici dell'INF, così uno dei ragazzotti viene mandato a Celaya a recuperarlo. Possiamo, nonostante tutto, tirare un sospiro di sollievo.

Dopo un'ora buona torna con i documenti mancanti, e si può procedere.

Dopo un po' ci accorgiamo che mentre l'operatrice dell'ufficio anagrafe è lì a barcamenarsi tra i nostri documenti, il procuratore e il resto dell'INF sono nell'altra stanza a chiacchierare e a farsi un paio di tacos presi in una delle tante bancarelle che si trovano nella piazza, quindi decidiamo di affacciarci dall'operatrice a chiederle se le serve una mano, allo scopo di finire prima.

Detto fatto, ci ritroviamo a dettare alla signora i nostri nomi, i nomi dei bambini, date di nascita...

A un certo punto, quando la signora chiede la mia cittadinanza, ci blocchiamo. Io le ho tutte e due, quella argentina e quella italiana, ma visto che nella riga sopra c'è scritto NATO A BUENOS AIRES, decidiamo di far scrivere CITTADINANZA ARGENTINA per evitare incomprensioni.

Verso le 17.30, viene finalmente stampato il primo foglio con il nome di Pao, seguito dal suo nuovo cognome. Restiamo lì a guardarlo, con un sorriso in volto.

Una volta stampati tutti gli atti di nascita nuovi, è il momento di chiamare via via i bambini per far loro apporre le impronte digitali sui documenti. I bimbi ci raggiungono stremati, poverini, del resto sono usciti di casa alle 7 del mattino e hanno mangiato giusto qualche cracker e una mela, e fa un caldo boia.

Però eccoli, in fila, ad assolvere al loro dovere, senza dire una parola.

Se per noi questa «esperienza messicana» è dura, ancora di più si può sicuramente dire per loro: quante volte sono stati chiamati, sentiti, analizzati da psicologi, da assistenti sociali, e pure da un giudice!

Alle 18.30 la funzionaria del Registro Civile ci dice che possiamo andare.

Abbiamo finito: i bambini hanno un nuovo cognome!

Per uscire ripetiamo la stessa pantomima di quando siamo arrivati, bambini coperti come se ci fossero otto gradi sotto zero e condotti uno a uno in auto.

Una volta arrivati a Celaya, prima di salire ognuno sulla propria macchina e andare verso casa dopo un pomeriggio davvero stancante, facciamo il punto della situazione dei prossimi giorni.

Giovedì mattina il procuratore Teo tornerà a Guanajuato città per farsi consegnare dal tribunale gli ultimi documenti che mancano; a quel punto *SE* non ci saranno intoppi – e questo è sempre preoccupante – il lavoro dell'INF di Celaya giungerà al termine.

Fissiamo già un incontro finale anche venerdì alle 13.30 in cui davanti a varie autorità, tra cui la signora Isabel, presidente dell'INF, il procuratore Teo ci consegnerà tutti i documenti e decreterà la fine del suo operato con la famiglia Cantoro, che a quel punto avrà sì, altre pratiche da svolgere e documenti da produrre, ma non più a Celaya tramite l'INF bensì a Città del Messico e tramite Francisco.

Quasi increduli, chiediamo a Teo: «Quindi, se abbiamo capito bene, venerdì il nostro lavoro a Celaya finisce e passa tutto nelle mani di Francisco a Città del Messico?»

«*Correcto*, venerdì ci salutiamo.»

Prima di andarcene, Pao si avvicina a Teo e gli dice: «Tu assomigli al personaggio di un film che abbiamo visto ieri sera, il dottor Bruce Banner».

Teo sembra non capire, al che Pao continua: «Dai, quello che quando si arrabbia diventa verde e si trasforma in Hulk!»

Subito dopo, Betty e Santi sbarrano gli occhi e confermano che è proprio vero, è lui, è Hulk!

Scoppiamo tutti in una risata e la tensione di una giornata difficile si attenua.

Saliamo in auto e decidiamo che i bambini si sono davvero meritati un hamburger XXL e patatine, così, prima di tornare a casa, rigorosamente ancora con la divisa della scuola e in condizioni pietose, ci fermiamo al centro commerciale.

Per la prima volta ci sentiamo davvero vicini a casa.

Giovedì, 20 aprile 2023

I genitori di Natascia ci chiamano dall'Italia.

Si tratta di Loki, uno dei nostri cagnolini, che non stava per niente bene nei giorni scorsi.

È stato operato, con la speranza che potesse riprendersi, invece è andato solo peggiorando e sta soffrendo troppo.

I genitori di Nati ci avvisano che l'unica opzione è addormentarlo.

Una volta chiusa la telefonata, restiamo un'ora senza proferire parola.

Lo avevamo preso con noi da cucciolo, appena sposati, aveva solo due mesi ed era una pallina di pelo bellissima; scherzavamo dicendo che era un incrocio di pastore tedesco e leonberger, lo si capiva dalle orecchie, perché una era tirata su, come quelle del pastore tedesco, e l'altra era sempre piegata, proprio come il leonberger. Speravamo che crescendo si sarebbe sollevata a dargli un aspetto più «serio», e invece no, anzi, con quella lingua a penzoloni e l'orecchio abbassato ha sempre mantenuto un aspetto buffo più che da cane da guardia.

Era un gigante buono, che non si rendeva neanche conto di quanto fosse grande e forte, e che sarebbe stato bellissimo veder giocare con i nostri bambini.

Perderlo così fa male, senza capire bene cosa sia successo, senza poter fare niente, senza poterlo salutare e, soprattutto, con il terribile dubbio che sarebbe stato diverso se fossimo stati a casa. Forse ci saremmo accorti prima che qualcosa non andava, forse avremmo visto le cose da un altro punto di vista, forse saremmo stati più determinati dei veterinari che lo hanno visitato, o forse no. Fatto sta che il dubbio rimarrà per sempre.

Oggi passiamo qualche ora a cercare vecchie foto e video e ne troviamo tantissimi, dai primi tempi in cui sembrava un peluche, a quelli più recenti, in cui si vede quello splendido cane adulto che tutti si voltavano a guardare. In silenzio ci scambiamo uno sguardo e lasciamo andare qualche lacrima.

Qualche ora dopo, il papà di Natascia ci chiama: Loki se ne è andato con a fianco parte della famiglia che lo ha sempre amato e ora riposa in pace in cielo vicino agli altri mai dimenticati amici con cui abbiamo avuto la fortuna di percorrere tratti di vita e che portiamo sempre con noi nei nostri cuori.

Ciao, Loki, ti vorremo sempre bene, buon viaggio cagnaccio!

Venerdì, 21 aprile 2023

La mattina chiamiamo Teo sia per chiedere conferma dell'incontro di oggi alle 13.30 sia per capire come è andata la giornata di ieri.

Il procuratore ci risponde che è tutto sotto controllo, che l'incontro di oggi è confermato, poi aggiunge: «In realtà, martedì abbiamo appuntamento per far apostillare gli ultimissimi documenti e poi abbiamo finito».

Veramente, in base a quanto detto martedì scorso avremmo dovuto finire oggi… però va bene… Ormai non ci stupiamo più di ritardi e cambiamenti.

In ogni caso, nel pomeriggio, vedremo Fran, che è in arrivo a Celaya per il passaggio di documenti e ci faremo spiegare meglio tutto.

Ore 13.30. Raggiungiamo l'INF. C'è un caldo infernale e speriamo di risolvere tutto in una mezz'oretta. Mentre parcheggiamo vediamo un po' di movimento e un bel gruppetto di persone che si danno un gran daffare.

Ci viene incontro il procuratore Teo.

«Che sta succedendo?» gli chiediamo.

«Sono tutti qui per voi» risponde.

Per noi? Ma per fare che? Chi sono?

Varchiamo la soglia degli uffici e dentro ci aspettano una ventina di persone, capeggiate dalla signora Isabel, che abbiamo riconosciuto e che ci abbraccia con sincero affetto. Intorno a noi chi non ha in mano una telecamera o una macchina fotografica professionale ha uno smartphone: avremo una decina di dispositivi puntati addosso.

Dopo i saluti, cerchiamo con lo sguardo il procuratore Teo.

«Ma ci avevi detto che avremmo fatto qualche foto, non che ci sarebbe stata una troupe al gran completo!»

«Eh sì, si sono volute fare le cose in grande, vista la portata dell'evento.»

Solo allora ci rendiamo conto che, a saperlo, potevamo vestirci meglio. Scoppiamo a ridere: siamo sudati come due maiali, con indosso le prime cose che abbiamo trovato e con capelli improponibili.

I bambini, invece, sono vestiti e pettinati in maniera impeccabile, tanto che, ridendo e sottovoce, ci diciamo che quelli adottati sembriamo noi.

Subito dopo, ci invitano a salire al piano superiore e lì troviamo gente che ci chiama, che urla, che ride e un angolo con dei giochi per bambini. Santi si getta su una macchina nera gigantesca, Pao si prende subito cura di una bambolina bebè e Betty viene attratta da un cavalluccio giocattolo.

La cosa li esalta all'inverosimile e iniziano a correre da tutte le parti.

Noi cerchiamo di calmarli e di non perderli di vista, ma veniamo bloccati da una ragazza che comincia a spiegarci come e cosa dobbiamo fare. Per quel poco che riusciamo a capire ci dice che faremo una sessione di foto e video dove siamo ora, poi scenderemo per una sessione all'aperto, infine andremo nell'ufficio della signora Isabel per immortalare la consegna dei documenti. Il tutto terminerà con una piccola intervista a noi genitori.

Ma cos'è, un reportage, un documentario? Abbiamo capito, staremo qua fino a domani.

Le prime due fasi scorrono abbastanza lisce, ma al momento di tornare su per andare nell'ufficio della signora Isabel i bambini cominciano a chiederci di andare via. Soprattutto Pao, che sta facendo tutto questo controvoglia.

All'improvviso qualcuno si avvicina e ci chiede come faremo a tenere fermo Santi per un volo di tredici ore verso l'Italia. In quel momento, infatti, Santi sta correndo come un pazzo per la stanza. Vorremmo poter rispondere che non hanno capito che il bambino lo stanno facendo impazzire loro, con le loro foto e con le loro urla.

L'intervista finale a me e Nati risulta molto bella, genuina e toccante, con un mix di emozione e imbarazzo che rende tutto molto reale, vero. Incredibilmente, nel bel mezzo delle domande bisogna fare un piccolo stop perché passa lui, il treno, con il suo fischio onnipresente. Ci mettiamo a ridere, ma ci sembra giusto che anche lui voglia lasciare la sua testimonianza essendo, nel bene e nel male, parte costante di questa avventura.

Dopo tre ore di riprese e foto, abbiamo l'impressione che di questa avventura tutti vogliano prendersi un po' di merito, a partire dalla città di Celaya, dall'INF, dallo Stato di Guanajuato. E, per carità, questo risultato è frutto di un'unione di intenti e noi ringrazieremo sempre tanto chiunque abbia dato anche un minimo apporto affinché questo sogno si realizzasse.

Ma che mai ci si confonda o si dimentichi che per la stragrande maggioranza il merito è della famiglia che ci ha sempre creduto, anche quando era davvero dura, di genitori che hanno ingoiato centinaia di bocconi amari guardando avanti e di bambini forti e resilienti come pochi. Perché in tutto questo, se c'è qualcuno per cui il percorso è stato davvero, davvero difficile, ai limiti del sopportabile, siamo noi cinque.

Quindi sì, va bene tutto, grazie a tutti, ma grazie soprattutto a noi.

A fine riprese, quasi ascoltassero questo pensiero, tutti i presenti interrompono quello che stanno facendo, escono dai loro uffici e, con gli occhi lucidi, ci fanno un lungo applauso.

Sorridiamo commossi, ce lo meritiamo. Buona vita a tutti.

Subito dopo, stremati, andiamo a trovare Francisco, che ovviamente sta pranzando. Gli raccontiamo il tutto e lui ci dice che ha un appuntamento con Teo alle 18 per raccogliere i documenti. Gli chiediamo della storia degli «ultimissimi documenti da far apostillare martedì».

«Sì, funziona così: io adesso ho due strade parallele da percorrere, la prima è prendere appuntamento nell'ufficio Relazioni Estere a Città del Messico, andare a depositare una serie di documenti e poi a quel punto mi daranno appuntamento per andare a ritirare la risposta, l'articolo 23. In quel momento dovrete essere a Città del Messico perché il ritiro dovete farlo voi in presenza. I documenti di cui ho bisogno per questa pratica sono quelli che andrò a prendere tra poco dal procuratore Teo. Quindi questi documenti li prendo oggi e già lunedì chiamo l'ufficio Relazioni Estere.»

«Okay, poi con questo documento che ci darà l'ufficio Relazioni Estere che dobbiamo farci?»

«Un passo alla volta. Poi vi dicevo di un'altra pratica che devo portare avanti parallelamente, ed è quella dei passaporti dei bambini. Per i passaporti si prende appuntamento, si portano i documenti richiesti, e in giornata ve li rilasciano. Anche in quel caso dovrete essere a Città del Messico per il ritiro. I documenti che servono per i passaporti sono quelli che saranno apostillati martedì, a cui aggiungeremo l'articolo 23 di cui vi parlavo prima.» Alza la mano e fa una pausa di un secondo per mandare giù un pezzo di sushi. Poi riprende: «Scusate. Faremo in modo di far coincidere i giorni dei rilasci dei documenti dai due diversi uffici nello stesso giorno o al massimo in due giorni, in modo che possiate venire a città del Messico al massimo per tre o quattro giorni e poi tornare a Celaya.»

«Secondo te, questi tre o quattro giorni a Città del Messico saranno ai primi di maggio, più o meno?»

Fran apre il calendario sul suo cellulare, alza gli occhi, fa due conti e dice: «La prossima settimana no, quella successiva vediamo… Lunedì è il primo maggio, quindi non si lavora, venerdì 5 maggio è festa nazionale, ma nei giorni in mezzo, il 2, il 3 e il 4 potreste dover raggiungere la capitale.»

«Okay, facendo due conti, diciamo che possiamo cominciare a guardare qualche volo di ritorno per l'Italia, dall'8 di maggio?»

«Sì, molto probabile.»

Siamo meno eccitati di quanto pensassimo… Finalmente abbiamo una data di ritorno, o almeno un periodo probabile, eppure non saltiamo di gioia. Forse siamo in Messico già da abbastanza tempo da sapere che fino all'ultimo secondo qualcosa può andare storto.

Salutiamo Francisco e restiamo d'accordo di sentirci la settimana prossima.

Sabato, 22 aprile 2023

Per festeggiare le ultime buone notizie Laura ci invita a pranzo con suo marito in un bel locale a Celaya. Mentre i bambini si divertono nell'area giochi, mangiamo in ottima compagnia tanta cucina tipica messicana e ci sembra di tornare un po' alla normalità. Insieme a Laura e Pablo ripercorriamo tutti questi mesi in Messico e parliamo delle difficoltà di Casa Esperanza e, in generale, di tutto il mondo delle adozioni in Messico. Siamo grati che le nostre strade si siano incrociate, ci vogliamo un bene sincero e abbiamo proprio l'impressione di essere di fronte a un legame che sopravvivrà al tempo. Del resto, sono la nostra famiglia qui in Messico e questo non si può dimenticare. Ci promettiamo che non ci perderemo di vista e che ci vedremo presto, magari in Italia.

Domenica, 23 aprile 2023

Visto che il ritorno è dietro l'angolo, cominciamo a fantasticare di andare al mare prima di tornare a casa. Facciamo due conti, se martedì 2 maggio dobbiamo essere a Città del Messico, e questa settimana non abbiamo un cavolo da fare, nessuno ci vieta di farci un weekend lungo al mare. Diciamo da mercoledì 26 a domenica 30.

Cominciamo quindi a guardare varie opzioni e siamo quasi certi che la cosa si possa fare. Un sentore però ci dice di aspettare un paio di giorni prima di prenotare.

Lunedì, 24 aprile 2023

In mattinata Laura viene a casa nostra in compagnia di due collaboratrici a prendere mamma gatta per una visita veterinaria.

L'impresa è ardua, ma alla fine, in cinque riusciamo a metterla in un trasportino.

Nel frattempo arriva un messaggio di Francisco che ci dice che per la «questione passaporti» abbiamo bisogno di portare con noi a Città del Messico anche la *Constancia de Estudio para Pasaporte*, un documento che deve essere prodotto dalle scuole dei bambini.

Abbiamo subito l'impressione che questo documento rappresenterà un problema, soprattutto perché non si incastra con la gita al mare che stavamo programmando. Infatti, se tornassimo domenica 30 per poi partire lunedì primo maggio per Città del Messico, questi documenti dovrebbero essere pronti tra oggi e domani. E sappiamo che per qualche motivo questo non sarà possibile.

Alle 13, quando andiamo a prendere i bambini a scuola, parliamo con la direttrice della scuola di Santi e Betty e per lei non c'è problema: il documento sarà pronto domani.

Perfetto!!! Ma abbiamo imparato a non cantare vittoria troppo presto.

Poi, andiamo a parlare con la segreteria della scuola di Pao e spieghiamo di cosa abbiamo bisogno.

Grosso sospiro, come se avessimo chiesto un lingotto d'oro.

«Sì, lo possiamo fare, ma sicuro non prima di giovedì.»

«Ma è un foglietto che nell'altra scuola ci fanno in cinque minuti.»

«Eeehhh...» Annuisce, poi fa un sorrisino come a dire: «Che teneri che siete a pensare che ci voglia davvero così poco...» «Ma deve firmarlo la direttrice e lei è fuori città e non torna prima di giovedì.»

Insistiamo, ma risponde: «Impossibile».

Torniamo a casa con i bambini e con una certezza, al mare non ci andremo.

Magari ci faremo un giro in uno dei paesini qui intorno.

Giovedì 27 aprile 2023

Oggi i bambini vanno a scuola senza zaino né libri. Be,' è la festa del bambino, oggi si festeggia! E si festeggia pure domani, perché in quanto ultimo venerdì del mese c'è il famoso *Consejo Tecnico* dei professori.

Ah, e si è festeggiato pure ieri e l'altro ieri. Infatti, per motivi che non abbiamo ben capito, Pao non aveva lezioni e non è andata a scuola, mentre Betty e Santi sì, ma senza divisa, in quanto prefestivo.

In pratica i bambini si sono fatti venti giorni di ferie a Pasqua, appena tornati una settimana completa di scuola e poi la settimana successiva solo il lunedì. Di compiti manco l'ombra. Boh, tre mesi e mezzo qui in Messico e ancora non abbiamo ben capito come funziona la scuola.

Comunque oggi, feste e festicciole a parte, è l'ultimo giorno di scuola per i nostri figli. Seguendo i corsi in scuole private – ogni volta che lo diciamo facciamo fatica a crederci, e non ringrazieremo mai abbastanza Casa Esperanza per questa possibilità –, avevano le rette pagate fino alla fine del mese di aprile.

Ieri, quando siamo arrivati davanti alla scuola di Santi e Betty, abbiamo trovato una bellissima sorpresa: l'ingresso era stato decorato con palloncini colorati e tanti cartelli di arrivederci e di buona fortuna. I piccoli si sono un pochino emozionati, e noi con loro.

Quando siamo andati a riprenderli, abbiamo portato la macchina fotografica e abbiamo scattato una marea di foto con tutti, dagli amichetti, alle maestre, al personale dell'asilo.

Nei giorni scorsi c'è stato anche un piccolo viavai a casa nostra: sono passati a salutarci alcuni vicini, che hanno saputo della nostra imminente partenza, e un paio di abitanti del *fraccionamiento* sono venuti a prendere due dei sei gattini.

All'ora di pranzo andiamo a prendere Santi e Betty, che salutano emozionati i loro amichetti, poi passiamo dalla scuola di Pao per ritirare la *Constancia de Estudio para Pasaporte* che avevamo richiesto qualche giorno fa.

Quando avremo in mano anche questo documento non ci resterà che aspettare la chiamata di Francisco e partire per Città del Messico.

Ma, nonostante avessimo ribadito quanto fosse importante ritirare oggi il documento, la segretaria ci chiede di tornare l'indomani, perché la direttrice non ha preparato niente.

Parliamo di un fogliaccio che la scuola di Betty e Santi ci ha fatto avere in qualche ora, e glielo facciamo presente. Ma abbiamo sempre l'impressione che mostrarsi spazientiti e alzare un po' la voce non sortisca il minimo effetto.

Abbiamo capito, ci toccherà tornare domani.

Venerdì, 28 aprile 2023

In mattinata vado a scuola e, finalmente, la *Constancia de Estudio* è pronta... Do un'occhiata a ciò che c'è scritto, e mi accorgo subito che hanno sbagliato il nome della bambina. O meglio, hanno messo il nome vecchio.

«Non va bene, il nome è sbagliato, ve l'ho detto venti volte che ci va il nome nuovo, nome che vi ho lasciato scritto e che ho anche mandato via WhatsApp per evitare che succedesse... questo!» E alzo il braccio con la *Constancia* sbagliata in mano.

Solito sospiro, come se tutto fosse andato a rotoli: «E adesso?»

«Adesso lo dovete rifare con il nome giusto, però proprio adesso perché sennò passa un'altra settimana.»

La ragazza mi risponde un «Okay» e si avvia verso l'ufficio

della direttrice a una velocità tartaruga che vorrei prenderla e accompagnarla come faccio con Santi quando non vuole camminare.

Dopo un po' torna con il documento corretto. Per scrupolo ne mando una foto a Fran, che mi risponde con l'emoticon dell'ok.

E anche questa è andata.

Torno a casa e verso mezzogiorno, Francisco ci manda un vocale e ci ricorda che oggi deve consegnare i documenti all'ufficio Relazioni Estere e che, dopo averli controllati, i funzionari gli daranno la data dell'appuntamento in cui dovremo andare a ritirare il documento che ci serve. Una data molto importante, perché significa che per quel giorno dovremo essere a Città del Messico.

L'appuntamento di oggi sarebbe dovuto essere alle 11, ma alle 11.40 ancora non lo hanno fatto entrare.

Alle 13.30 Francisco ci chiama per dirci che ha una buona e una cattiva notizia.

«La buona è che abbiamo fatto in tempo a depositare il plico.»

«Ottimo. La cattiva?»

«La cattiva è che oggi gli uffici chiudevano alle 13 e non hanno fatto in tempo a controllare i documenti, di conseguenza a darci una data per il ritiro. Considerando che adesso c'è il ponte e lunedì è il primo maggio, faranno il controllo martedì 2 e il giorno stesso ci diranno la data del ritiro.»

Ah certo, chiudono alle 13…

Non ne possiamo davvero più, siamo così sconfortati che non abbiamo nemmeno voglia di visitare qualche paesino qui della zona, figuriamoci andare al mare. Vogliamo solo andare a casa. Solo andare a casa.

Martedì, 2 maggio 2023

È appena passato uno dei fine settimana più noiosi della storia, inoltre, avendo l'umore sotto la suola delle scarpe, non sopportiamo niente. O meglio, ogni cosa che risulterebbe semplicemente fastidiosa ci risulta una piaga insostenibile: il caldo sembra infernale, le zanzare le più grandi, le lancette dell'orologio sembrano andare a rallentatore.

Però oggi dovrebbe essere il grande giorno, quello in cui Fran ci chiamerà e ci dirà quando dovremo trovarci a Città del Messico.

Dopo una bella colazione e un paio di ore nella piscina del *fraccionamiento*, torniamo a casa a preparare il pranzo con un occhio sui fornelli e uno sul cellulare.

Alle 17 Francisco ci telefona e ci da la notizia: «L'appuntamento è fissato per mercoledì 10».

«Ma porca miseria, non ci volevano tre giorni???» urlo.

«Sì, ci vogliono tre giorni, in genere, solo che si sono accavallate varie cose: la festa del primo maggio, il ponte del 5 maggio e il fatto che la responsabile dell'ufficio torna lunedì 8 dalle ferie.»

E certo, mettici un paio di giorni in più perché uno deve riprendersi dalle ferie, e l'appuntamento ecco che scivola a mercoledì 10.

Niente, sembra che quelli in ferie, i ponti, i problemi di vario tipo ce li dobbiamo beccare tutti prima di partire.

Fran prosegue con la «bomba» della giornata. «Inoltre c'è una cosa che potrebbe essere un problema, però forse no... In pratica, nella sentenza, hanno messo un numero errato del passaporto di Natascia.»

«Quindi il numero di passaporto presente nella sentenza è diverso da quello vero?»

«Sì, ma in genere è un dato che non guardano nemmeno... Guardano i nomi con attenzione, ma il numero del passaporto no. Quindi io direi di fare così: noi andiamo all'incontro e facciamo finta di niente, se non si accorgono di nulla, come credo, abbiamo i nostri documenti.»

«Okay, e se dovessero accorgersene?» chiede Nati che sta ascoltando la conversazione con sguardo allarmato.

«Bisogna chiedere una rettifica al tribunale di Guanajuato e perdiamo un mese minimo.»

Vogliamo morire.

Francisco ci rassicura che è un dato che davvero nessuno guarda mai, e speriamo vivamente che abbia ragione.

Giovedì, 5 maggio 2023

Dedichiamo l'intera giornata a un'attività «stimolante e divertente» – in senso ironico.

Ieri l'associazione italiana ci ha spiegato come separare gli scontrini raccolti in questi mesi per poter presentare un resoconto di spese all'Agenzia delle Entrate.

Il metodo è semplice e simpatico: un foglio Excel in cui vengono elencati tutti i giorni, dall'arrivo in Messico, e per ogni giorno viene indicata ogni singola spesa, corredata di scontrino.

Quindi, per esempio: 18 gennaio, scontrino n. 1 spesa da Walmart, 2400 pesos; scontrino n. 2 pieno di benzina 980 pesos…

Ogni giorno. Per tutti i giorni. Da quando siamo arrivati. Se contiamo che con oggi siamo in Messico esattamente da 107 giorni, ci rendiamo conto di quanto sia bello il lavoro che ci aspetta.

E infatti ci mettiamo una giornata intera. Il tutto mentre il caldo è allucinante e i bambini cominciano ad avvertire la noia.

Da una parte cerchiamo sempre di stimolarli e mantenerli in movimento, dall'altra è innegabile che nelle ultime settimane questo vivere in una bolla sta cominciando a pesare anche a loro.

E come potrebbe essere altrimenti? Sono mesi che gli diciamo che tra poco andiamo in Italia, che tra poco inizierà la loro nuova vita, che tra poco conosceranno tutti gli altri componenti della famiglia, ma questo momento sembra non arrivare mai e, come noi, si sentono in stand by.

E la trasferta a Città del Messico capita nel momento giusto.

Abbiamo infatti deciso di fermarci per tutta la settimana nella capitale, in modo da poter fare il lavoro che dobbiamo e avere anche del tempo per visitare la città. Ai bambini l'idea piace tantissimo e non vedono l'ora di fare le valigie per la «vacanza» a Città del Messico.

Venerdì, 6 maggio 2023

È giunto il momento di pianificare la gita fuori porta a Città del Messico. Sentiamo Francisco, e lui ci dice che sì, l'appuntamento per il ritiro del documento all'ufficio Relazioni Estere è fissato per mercoledì mattina, ma se noi potessimo essere lì già martedì, potrebbe provare a chiedere un anticipo. Probabilmente non ce lo daranno, ma tentar non nuoce.

Prima valutiamo l'idea di prendere un bus di linea che, in base alle recensioni online, sembra essere molto comodo, ma scopriamo che chiedono i documenti dei passeggeri, anche dei bambini, che al momento non abbiamo. Quindi scartiamo questa opzione.

Optiamo allora per il viaggio in macchina, ma anche qui, c'è un piccolo inconveniente: Fran ci avvisa che la sua auto non può entrare a Città del Messico e ci consiglia di arrivare fino a Pachuca, casa sua, lasciare l'auto lì e percorrere le ultime due ore di strada insieme a lui. In città, invece, potremo muoverci con Uber.

Ci sembra la soluzione migliore e accettiamo con piacere.

Lunedì, 8 maggio 2023

I bimbi ci svegliano all'alba saltando sul letto, entusiasti all'idea del viaggio verso la capitale.

Carichiamo l'auto con valigie e qualche snack e, prima di partire, passiamo dalla lavanderia a lasciare il solito pacco settimanale di panni sporchi.

La signora ci accoglie con il tipico: «*Buenos dias Don Nicolas, y Dona Natascia*» che ci fa sempre sentire molto *local*, poi le spieghiamo che passeremo a ritirare tutto la settimana prossima e la salutiamo.

Si parte, direzione Pachuca!

Sbaglio strada un paio di volte, ma me ne assumo la colpa solo al 50 per cento, perché Google Maps va in tilt ogni due per tre. Comunque arriviamo a destinazione dopo quattro ore e la bellezza di 35 euro di pedaggio. Alla faccia della vita a basso costo in Messico! Cominciamo a pensare che la trasferta in capitale ci costerà un po' più del previsto…

Arriviamo a Pachuca alle 13, più o meno, incontriamo Francisco e Luz, mangiamo qualcosa in un bel centro commerciale della città e partiamo alla volta di Città del Messico.

Arriviamo in centro verso le 16 e troviamo senza difficoltà l'appartamento Airbnb che abbiamo prenotato per la settimana.

Abbiamo scelto la zona di Roma Norte che sembra molto bella e sicura. Anche l'appartamento è delizioso e i bambini sono tutti gasati!

Mentre facciamo il tour della casa, uno di noi prova ad accendere una luce. Niente…

Mmm…

Proviamo ad accenderne un'altra. Niente.

Natascia prende il telefono e dice: «Aspetta. Ho un messaggio dall'host di Airbnb».

Lo legge. In pratica nell'appartamento non c'è corrente, non sanno come mai e non riescono a ripristinarla. Ci chiedono di fargli avere un numero di telefono, che giriamo loro immediatamente in attesa di una telefonata.

Natascia comincia già a bofonchiare tra sé. «Eh, però me lo poteva dire prima», «Ah, ma io non gli pago una lira», «Oh, ma che bella recensione gli lascerò!»

Ci voltiamo verso Francisco, ma lo becchiamo che cerca di trattenere una risata.

Nati lo riprende: «Francisco, ma cos'hai da ridere?»

«Ragazzi, ma come è possibile che ve ne capitino di tutti i colori?»

«Guarda, Francisco non lo so… è una cosa che se la racconti non ci si crede.»

Però, come dice il vecchio detto, non tutti i mali vengono per nuocere, infatti dopo qualche secondo il telefono con il numero messicano suona.

Rispondo. Il ragazzo ci chiede scusa in venti lingue, ma ci dice che purtroppo non sa come risolvere il problema. Però ha una soluzione alternativa: nello stesso stabile ha un altro alloggio più grande e più bello e, se per noi va bene, possiamo spostarci lì per tutta la settimana, senza pagare nessun extra.

Ci fingiamo un po' scocciati e accettiamo, come a dire: «Eh, meglio di finire per strada…», ma in realtà abbiamo il sentore che stavolta ci sia andata bene.

Tornati di sotto in reception, il portiere dello stabile ci prende subito in simpatia e ci dice che ha già parlato con il proprietario e che sa tutto del nostro cambio di appartamento. Poi, con l'espressione di chi la sa lunga, ci dice: «Ah, ma vi è andata bene, sapete? L'appartamento che vi hanno dato è stupendo, molto meglio dell'altro!»

E, in effetti, ha ragione. Aperta la porta, rimaniamo a bocca spalancata: è grandissimo, con tre camere da letto e tre bagni. I bambini sembrano felici e lo siamo anche noi.

Salutiamo Francisco e restiamo d'accordo di sentirci l'indomani mattina: se ci sarà possibilità, andremo a ritirare i documenti, altrimenti faremo un giro per la città e rimanderemo il lavoro al giorno dopo.

Lo abbracciamo e lo ringraziamo di tutto quello che sta facendo, che ci rendiamo conto essere molto più di quando dovrebbe.

Ci siamo davvero affezionati a lui e a Luz. Stare insieme a loro è certezza di grandi chiacchierate e di grandi risate e, soprattutto, di grandi mangiate. Gli vogliamo davvero bene e siamo contenti che sia lui a dover gestire quest'ultima fase.

A domani.

Martedì, 9 maggio 2023

Ci svegliamo presto, facciamo colazione e chiamiamo Francisco che ci dice che ancora non è riuscito a sentire nessuno dell'ufficio Relazioni Estere, quindi decidiamo di uscire a conoscere la città, rassegnati che sarà impossibile anticipare a oggi l'incontro per il rilascio del documento.

Optiamo per andare in centro, prendere un Uber e farci lasciare proprio in Plaza de la Constitución e da lì camminare per conoscere la zona.

C'è un bel movimento, camminiamo tanto e i bambini sono contenti di vedere cose nuove. Verso le 10 ci chiama Fran: «I documenti sono pronti, volendo potete passare a prenderli anche ora».

«Vale la pena correre ora, interrompendo il giro per la città con i bambini? Possiamo passare anche domani mattina?»

«Non cambia nulla, fate come volete» risponde lui.

Decidiamo che se non cambia niente, tanto vale rispettare il programma. Ci andremo domani, oggi turismo!

Natascia aveva un sogno: visitare la casa di Frida Kahlo a Città del Messico e durante il nostro lungo soggiorno in questo Paese abbiamo scoperto essere anche il sogno di Pao.

Così oggi ci svegliamo e partiamo alla volta di Coyoacán, il colorato e affascinante quartiere dove si trova la casa-museo di Frida, chiamata anche Casa Azul.

La Casa Azul è l'universo intimo di Frida Kahlo, la dimora dove passò la maggior parte della sua vita, prima con la sua famiglia e poi con Diego Rivera.

Questa casa parla del loro amore, della loro ammirazione per l'arte e la cultura messicane, ed è il luogo dove Frida iniziò a creare le grandi opere per cui oggi è famosa. Questi muri conoscono le sofferenze che l'hanno accompagnata per tutta la vita.

Nati e Pao, super emozionate, fanno da apripista e sono le prime a entrare nel giardino della casa, dove campeggia la scritta FRIDA Y DIEGO VIVIERON EN ESTA CASA 1929-1954.

Pao, con un sorriso a trentadue denti, inizia a saltellare e a ruotare su sé stessa e a tirare la mano di Nati perché la accompagni a visitare tutti gli ambienti, la sua colorata cucina, i suoi quadri più famosi, le foto dell'epoca e soprattutto il suo studio, con i pennelli e la sedia a rotelle.

Betty le segue interessata anche se non comprende appieno tutto e dopo un po' comincia a stancarsi, mentre Santi viene attratto solo dalla tartaruga che sta nella fontana del giardino. Per il resto non vede l'ora di andare a giocare in appartamento.

La visita dura un paio d'ore, Nati, Pao e Betty comprano tre penne di Frida Kahlo, poi lasciamo la casa con un po' di malinconia.

Ci siamo emozionati e abbiamo condiviso un'altra esperienza che non dimenticheremo.

Grazie Frida, e sempre *Viva la vida.*

Facciamo uno stop per pranzo e, tra tacos e *quesadillas*, mangiamo per dieci e giuriamo che non faremo cena. Poi ci alziamo dal tavolo e continuiamo a camminare fino a sera, quando torniamo a casa stremati ma contenti, perché sappiamo che domani sarà una lunga giornata di impegni e non avremo tempo per fare altro.

Nonostante la stanchezza non onoriamo la promessa fatta a pranzo e la cena la facciamo eccome: prima di rientrare passiamo da Domino's e prendiamo una gigantesca pizza che divideremo tra tutti.

Mercoledì, 10 maggio 2023

L'appuntamento con Francisco è per le 8.40 davanti a casa nostra, mentre dobbiamo essere all'ufficio Relazioni Estere alle 9.30.

«Il programma di oggi» dice Fran «prevede di andare a ritirare i documenti, dopodiché le stesse carte dovranno essere apostillate, quindi ci attende un'altra capatina in un altro ufficio della capitale, e poi, per avere tutti i documenti necessari per prendere appuntamento per i passaporti, dovremo andare dal medico.»

«Medico? Che medico?»

«Eh sì. Da quest'anno per richiedere i passaporti dei bambini, tra la documentazione necessaria c'è anche la *Constancia de Salud* dei minori. Quindi ho già preso appuntamento con un medico della zona.»

«Eh... okay... E l'appuntamento per i passaporti quando lo abbiamo?»

«Domenica mattina, prima non c'era posto.»

«Ah, quindi dobbiamo allungare il nostro soggiorno a Città del Messico di un altro paio di notti, perché al momento abbiamo il check-out venerdì mattina.» E pensiamo: «Altri 100 euro a notte per due notti».

Quel pensiero ci scatena un effetto domino di domande che prontamente facciamo a Fran: «Okay, un attimo. Che spese ci sono qui? Perché adesso ci viene in mente che le nostre carte di credito potrebbero non essere accettate, quindi potremmo dover prelevare!»

«Allora, Relazioni Estere non chiede niente. Però per apostillare ci vogliono 5500 pesos.»

«Bello, 290 euro. Il dottore?»

«3500 pesos, 180 euro circa»

«I passaporti?»

«1585 pesos a passaporto, in totale più o meno altri 250 euro, poi c'è da pagare la traduzione dei documenti: 750 euro.»

Sono le notizie inaspettate che fanno venir voglia di scendere dalla macchina e urlare a squarciagola.

Quindi uno, a parte la settimana a Città del Messico, il vitto per cinque e gli spostamenti, si deve pagare anche altri 1600 euro di pratiche!!! Alla faccia di voler sensibilizzare sulle adozioni! Ma come si fa a spremere le famiglie in questo modo?

Poi ci si lamenta se le coppie non adottano più! Ma tra tempistiche e costi diventa una cosa insostenibile!!!

Mi giro verso Nati ed è come se vedessi la sua testa fumare. Già lo so a cosa sta pensando: «Ecco, rimarremo qui senza una lira. Fermiamoci alla prima banca e chiediamo un prestito. Toccherà trovarci un lavoro in Messico. Chiamiamo Fabricio e vediamo se ci può mandare qualche soldo. Anzi no, chiamo il babbo» e così via.

E la giornata è appena iniziata, siamo in auto da solo venti minuti e l'ansia ha già avuto la meglio.

Gli appuntamenti «lavorativi» per fortuna vanno bene – e ci mancherebbe, costano come l'oro – e riusciamo a fare tutto nei tempi.

Ma è proprio nell'ultima tappa, quella dal medico dell'ospedale San Angel, che riceviamo l'ultima meravigliosa notizia.

Ieri Pao ci aveva chiesto cosa fosse quello strano puntino rosso che aveva sul braccio e l'avevamo liquidata con un secco: «Una zanzara. Buonanotte».

Stamattina, prima di uscire, ci siamo accorti che i puntini rossi erano diventati quattro.

Ci siamo guardati e, senza dirci una parola, avevamo già capito con cosa avevamo a che fare.

Quindi, la notizia che nel pomeriggio avremmo visto un medico è caduta a fagiolo, perché avremmo capito se il dottore confermava i nostri timori.

Pao ha la varicella.

E, puntualmente, Francisco se la ride.

Venerdì, 12 maggio 2023

Nei giorni scorsi abbiamo parlato con Amelia, l'amica di Laura con cui abbiamo passato il lunedì di Pasqua e con cui spesso ci sentiamo. Chiacchierando del più e del meno, abbiamo convenuto di quanto si parli poco del tema delle adozioni. A questo proposito, ci ha chiesto se fossimo disponibili a raccontare la nostra esperienza, magari in un programma radio, tv, a una convention… Le abbiamo risposto che sicuramente ci avrebbe fatto molto piacere.

Amelia, che a Città del Messico conosce davvero molta gente, si è messa in moto e, sapendo che saremmo stati in città tutta la settimana, ha organizzato un'ospitata in un programma molto seguito di una tv nazionale. L'appuntamento è per stamattina e, se fino a qualche giorno fa l'idea era di andare tutti e cinque, con Pao k.o. decidiamo di fare in modo diverso: Natascia resterà a casa con i bambini e io andrò in studio a parlare di adozioni.

L'intervista va molto bene e siamo molto contenti di aver fatto un po' di luce su un argomento che ci sta a cuore e di cui si parla molto poco.

Nel pomeriggio facciamo un cambio, io resto a casa con Pao e Santi, la prima è ammalata, mentre il secondo è in punizione perché da quando siamo arrivati in città sta facendo il monello. Nati, invece, esce a fare un giro al parco con Betty.

Visto che ieri, sempre a causa della varicella, siamo stati dentro casa, qualche ora all'aperto non può fare che bene alla piccola... E anche al piccolo, infatti la sera vado a prendere una pizza e gli concedo «un'ora d'aria» per accompagnarmi. Inutile dire che Santi spreca anche questa occasione e si comporta malissimo, ottenendo un rinnovo del castigo.

Intanto, in serata, sentiamo Fran e ci organizziamo per domenica, una giornata complicata, perché dovremo fare i passaporti e lui ci ha già prospettato che potremmo passare anche quattro o cinque ore in attesa.

Ovviamente gli ricordiamo che Pao ha la varicella, si sta curando con le medicine che il dottore le ha prescritto, ma i puntini rossi sono sempre più evidenti.

«Ma lei come si sente?» chiede Fran.

«Lei sta bene, però ecco, si vede che ha la varicella.»

«Ragazzi, se Pao sta bene io direi di truccarla un po', cercare di coprire al massimo i puntini e andare a fare questo incontro. Lo so che la varicella è contagiosa, ma non possiamo fare altrimenti. In caso non se la senta, bisognerà aspettare almeno un altro mese perché ci concedano un nuovo appuntamento.»

Non se ne parla neppure, decidiamo di proseguire come ci ha suggerito lui e andiamo a letto.
Che Dio ce la mandi buona.

Domenica, 14 maggio 2023

Francisco passa da noi alle 7 del mattino. Carichiamo le valigie dietro e saliamo in auto: direzione ufficio Relazioni Estere, distaccamento Passaporti.
Arriviamo puntuali anche all'appuntamento. Ottimo.
La guardia all'ingresso ci fa entrare e al ragazzo della reception spieghiamo che siamo lì per i passaporti dei nostri tre figli adottivi; lui annuisce con il piglio di chi ha capito tutto fin da prima che iniziassimo a parlare e comincia a controllare i documenti che abbiamo portato. E subito saltano fuori i primi problemi.
Il ragazzo, che non sembra affatto un fulmine, prende in mano uno degli atti di nascita dei bambini e lo sventola sotto i nostri occhi come se avesse trovato la pistola fumante. «Eh, già qui c'è una discrepanza…»
«Dove?»
«Proprio qui» e indica un punto nel documento.
Restiamo in silenzio in attesa che ci spieghi, e il genio, dopo una pausa teatrale, ci fa la grazia di continuare: «Qui dice che la bambina è nata in questo anno qui».
«Sì, infatti.»
Altra pausa.
«Ma qui» e indica un'altra riga del documento, «dice che è stata registrata ad aprile 2023, molto dopo la sua nascita. Come mai?»
Io e Nati ci guardiamo e cerchiamo di non ridere.
«Sì, questo perché, come le abbiamo detto prima, i bambini

sono stati adottati nel 2023 e quindi gli atti di nascita con i nuovi nomi hanno per forza tutti la stessa data, quella successiva alla sentenza e nell'anno corrente.»

«Mmm...» Il genio è poco convinto. «E come facciamo a sapere cosa è successo tra l'anno di nascita e il 2023?»

Cerchiamo di trovare le parole giuste per ribattere e ci esce: «In che senso, scusi?»

A un certo punto rinsavisce e ci dice che va a chiamare la collega che si occupa di queste cose.

«Grazie tante.»

Ma porca miseria, ma se non capisci niente di adozioni, perché metti bocca? Perché fai perdere tempo alla gente?

Arriva la collega, e notiamo che è già scocciata prima ancora di salutare.

«Sì, buongiorno» dice, senza nemmeno guardarci in faccia. «Vediamo. Aaahhh.... Qui manca il documento della scuola.»

«Buongiorno. Nossignora, il documento è lì.»

«Ah, sì. Eh, però manca la copia del documento d'identità della dottoressa che ha fatto la *Constancia de Salud*.»

«Perché è un dottore uomo, non una dottoressa. È lì, guardi...»

«Mancano le fotocopie dei vostri passaporti...»

Quelle, in effetti, mancano.

Ci ridà indietro tutto e non azzarda manco morta a proporsi di farci le copie lì in sede, figuriamoci, sia mai che le prende un colpo della strega mentre si piega per prendere la carta.

Quindi usciamo, facciamo le fotocopie in un posto lì vicino e torniamo. Stavolta abbiamo tutto, però ci tocca fare la fila perché intanto è arrivata altra gente.

Ritroviamo il genio che stavolta non gioca a fare l'esperto, controlla al volo e ci fa passare. Francisco, invece, deve restare fuori.

«Vi chiameranno.»

Dopo poco, infatti, chiamano il nome di Santi, e mi avvicino alla finestrella: dall'altra parte del vetro, vediamo un altro ragazzo con in mano la *Constancia de Estudio* del piccolo.

«Buongiorno, una domanda: il bambino va a scuola nel turno di mattina o pomeriggio?»

Per un attimo non capisco. A cosa gli serve sapere il turno della scuola del bambino per un passaporto?

«Come?»

«Se il bambino va a scuola la mattina o al pomeriggio. Serve per l'indagine.»

L'indagine? «La mattina.»

«Grazie.»

Boh.

Passa del tempo, ci stiamo un po' innervosendo, siamo qui da ore e nessuno sa niente di niente, nessuno ci chiama, inoltre siamo stati trattati davvero male da ogni singolo operatore con cui abbiamo avuto a che fare. A peggiorare le cose, a un certo punto, mentre i bambini stanno mangiando un pacchetto di cracker, dall'altra parte della stanza piomba su di noi una poliziotta evidentemente molto annoiata.

«Attenzione ai bambini, che non sporchino i divani.»

La stoica eroina «de' noialtri» viene incenerita dallo sguardo di Natascia che le risponde: «Signora, siamo qui da tre ore. I bambini sono piccoli e hanno fame, se sporcano li puliamo, i divani, non si preoccupi».

Belli incazzati ci rimettiamo seduti, mentre i bambini finiscono di mangiare e poi passano a giocare con i tanti giochi presenti e messi a disposizione per i numerosi bimbi delle molte famiglie in attesa.

Alle 11.30, dopo non sappiamo quante ore di attesa, chiamano finalmente la famiglia Cantoro alla finestrella 4. Tocca a noi.

Ci avviciniamo, e un altro tipo di là del vetro appoggia sul tavolino tutti i documenti.

«Buongiorno, abbiamo dei dubbi.»

Perfetto, ancora una volta tira un'ariaccia.

«Per esempio, questa è la sentenza di adozione emessa dal tribunale di Guanajuato» e la apre su una pagina. La riconosciamo subito, è la pagina in cima alla quale c'è il numero sbagliato del passaporto di Natascia, sicuramente se ne sono accorti, porcaccia la miseriaccia.

E invece no, salta la riga relativa ai passaporti e va diretto su quella dei dati personali.

«Questi sono i dati del signor Cantoro, sì?»

«Sì.»

«Li legga con me: nato a Buenos Aires...»

E mi guarda in attesa di conferma... Dopo un attimo capisco che vuole proprio la conferma. «Sì.»

«Oh. Nato il 16 aprile?»

«Sì.»

«Però, guardi l'anno, dice 2982. Un po' strano, visto che siamo nel 2023, non crede?»

Fa lo spiritosino?

«Ah, be', sì, qui c'è un errore, è ovvio. Sono nato nel 1982 come può vedere da tutti i documenti che abbiamo consegnato.» Ci sembra un errore di battitura così scemo, che per un attimo facciamo un sospiro di sollievo.

Non vorranno mica mandarci indietro solo per questa stupidaggine.

«Ma questa è una cosa molto grave.»

Capiamo che si sta mettendo male.

«E non è finita qui» dice in modo altezzoso come se fosse un avvocato che sta facendo a pezzi un testimone davanti a una giuria, «c'è una discrepanza tra quanto scritto negli atti di nascita dei bambini, dove il signor Cantoro risulta avere nazionalità argentina, mentre sul documento di riconoscimento che ha presentato, ossia il passaporto italiano, recita che Cantoro è di nazionalità italiana.»

E questo è inaccettabile, egregi giurati.

«Sì, questo perché le ho entrambe. Sono nato in Argentina, ma da genitore italiano. Sono sia argentino sia italiano.»

«E questo chi ce lo dimostra?»

Stiamo perdendo la pazienza. «Lo dimostrano due documenti che ho presentato: il mio atto di nascita, argentino, dice che sono nato in Argentina acquisendone la nazionalità. Invece il passaporto italiano dimostra che ho anche quella italiana, non è che ci sia molto da spiegare.»

«Eh, ma qui ho documenti che non coincidono.»

«Ma che non coincidano non significa che ci siano degli errori. Io ho entrambe le nazionalità, non è che un documento sia sbagliato e uno sia giusto, sono entrambi giusti.»

«Mmm.» Non è convinto, il mitico. Ci sembra evidente che le adozioni non siano il suo campo, vogliamo credere che sicuramente è bravissimo in altro. «C'è anche un altro problema, la sentenza non è passata in giudicato.»

E lì esplodiamo. «Ma di cosa sta parlando? La sentenza è passata in giudicato il giorno stesso.»

Il mitico ci sorride, ci porge la sentenza e ci dice: «E allora indicatemi voi dove è scritto».

«Scusi, il referente dell'associazione, nonché nostro rappresentante legale è qui fuori. Lo possiamo far entrare, così le spiega?»

«No, è un tramite personale, va bene così senza coinvolgere terzi.»

«Sì, a parte che anche se è "personale" non significa che io non possa farmi rappresentare da qualcun altro, ma lei ci sta chiedendo cose tecniche che, anche a causa di problemi di lingua, facciamo fatica a capire e a spiegare.»

Un bel sorriso, il bastardo. «Eppure mi sembra che lo avete

parlato tanto bene lo spagnolo finora, comunque gli atti di nascita vanno rifatti e nella nazionalità del padre deve essere scritto ITALIANA, sennò non si passa. Inoltre la sentenza deve passare in giudicato e l'errore dell'anno di nascita corretto.»

Cominciamo a urlare come dei matti. «Lo sa che per mettere a posto queste cazzate lei ci sta condannando a restare altri mesi qui in Messico?»

«Non è colpa mia, i documenti così come sono non passano.» E ce li restituisce.

«Sa qual è la verità? È che non te ne frega un cazzo se tre bambini non riescono ad andare in Italia a cominciare la loro nuova vita. Noi stiamo qui da quattro mesi per colpa tua e di tutti i burocrati come te che ci fanno perdere mesi per dei cavilli che potrebbero essere superati con un minimo di buon senso, ma in realtà non avete la minima voglia di spendervi per nessuno.»

«Qui si tratta di voler fare uscire dal Paese tre minori, non è uno scherzo.»

Mentre io prendo i documenti e li porto via, Natascia è un fiume in piena: «Vi riempite tutti la bocca di voler aiutare i bambini, di quanto fate per le adozioni, ma in realtà non ve ne può fregare di meno. Vi abbiamo visto tutta la mattina stare lì a non fare niente, prima un caffettino, poi una pausetta, due chiacchiere e ci fate aspettare con tre bambini al seguito per ore e poi ve la godete a mandarci via a mani vuote. All'ingresso il tuo collega ci ha chiesto come mai la bambina fosse nata molto prima della data che compare nell'atto di nascita, ma ti rendi conto di quanto siete incompetenti? Ti rendi conto del pessimo servizio che date? Guardali, questi tre bambini stanno ritardando l'inizio della loro nuova vita per colpa tua».

Natascia si volta per cercare i bambini e, quando si gira di nuovo, l'operatore si sta sbellicando dalle risate con il suo collega.

Natascia perde il ben dell'intelletto. Tutto l'ufficio ci guarda.

«Ah, ve la ridete pure? Ma non vi vergognate a prendere in giro le persone? Siete ridicoli, fate schifo.»

Il mitico pensa bene di chiudere con: «Le auguro una buona giornata, signora».

In risposta, Natascia abbandona lo spagnolo fluente usato per tutto lo sproloquio, e riabbraccia la lingua italiana per spargli un onestissimo e quanto mai giusto «Ma vaffanculo» in piena faccia.

A quel punto il tipo comincia a urlare chiamando la sicurezza, ma non ce n'è bisogno perché la paladina dei divani puliti è già lì sul posto e alza un braccio come a prendere la spalla di Natascia, che la blocca a metà strada: «Non provarci nemmeno a toccarmi, non provarci, eh! Stiamo uscendo e spero di non mettere più piede in questo ufficio. Fate schifo tutti».

Nel frattempo si avvicina anche un poliziotto uomo, così gli dico: «Ma perché non andate a parlare con quell'incompetente dietro il vetro, che ride e prende per il culo la gente? Questo è il peggior ufficio del mondo! Non avete voglia di fare niente e quel poco che fate è terribile, perché non sapete nemmeno fare il minimo».

E fu così che l'intera famiglia Cantoro fu accompagnata fuori dalla polizia messicana…

Usciamo dall'ufficio devastati, è senza dubbio il momento più brutto da quando siamo qui, non solo perché avevamo un piede sull'aereo e ora ci sentiamo lontanissimi dal tornare a casa, ma soprattutto per come siamo stati trattati. Presi in giro, derisi dall'ultimo degli ultimi che gioca a indagare su cose che sono state già controllate da giudici, tribunali, enti nazionali prima di lui. Bloccati all'ultimo metro da un incompetente che poi ci ride in faccia.

«Qui si tratta di voler fare uscire tre minori dal Paese, non è uno scherzo.» Le sue parole rimbombano ancora nella nostra testa.

Ma a noi lo viene a dire? Ma ha idea di cosa abbiamo passato per arrivare a essere qui in questo momento?

Siamo sotto shock: io vado in bagno a vomitare per la prima volta dopo anni, Natascia è seduta per terra, ha gli occhi lucidi e trema visibilmente, mentre i bambini, in silenzio hanno perfettamente capito che c'è qualche cosa che non va e si siedono anche loro a terra vicino alla mamma.

Chiamiamo Fran, che era andato lì vicino a prendere un caffè, e cerchiamo di raccontargli quanto successo. «Datemi i documenti, che entro a chiedere spiegazioni» ci dice incazzato.

Glieli passiamo. «Fran, per come è andata a finire, non penso che quello scemo tornerà sui suoi passi» spiego.

E infatti, dopo un po', Francisco torna da noi. «Ho spiegato che la sentenza è passata in giudicato, indicando loro la riga esatta che lo riporta. La loro risposta è stata: "Eh, noi ai signori lo abbiamo chiesto e non ci hanno saputo rispondere".»

«Certo, ma quando gli abbiamo chiesto di far entrare l'avvocato che poteva risolvere il loro dubbio ci hanno detto che non ci era concesso» ribatte Nati con il poco fiato che le è rimasto in corpo.

Della questione doppia nazionalità non hanno nemmeno voluto sentire una spiegazione. «Come» e «perché» ci siano due documenti non gliene può fregare di meno, devono «coincidere». Stop.

Inoltre c'è il terribile errore dell'anno di nascita, che dice che sono nato nel 2982 ed è evidentemente una cosa troppo sospetta da lasciar correre.

Fran ci racconta che nel delirio l'operatore a un certo punto gli ha detto anche: «Ci sono tanti errori strani nella sentenza. Per esempio qui dice che i Cantoro sono arrivati in Messico a metà gennaio 2023, ma che la socializzazione con i bambini è iniziata a dicembre 2022. Questo come è possibile? Si sono portati i bambini in Italia?»

A queste parole perdo di nuovo la pazienza. «Ma si può mettere un idiota simile in uno sportello così importante? La socializzazione può iniziare anche a distanza con videochiamate, telefonate, invio di regali e foto. Ma se non sai niente di adozioni, ma perché fai il fenomeno? Ma perché non cambi lavoro?»

Siamo distrutti, l'idea di chiedere al tribunale di Guanajuato una modifica della sentenza e, parallelamente, al Registro Civile una modifica degli atti di nascita dei bambini ci devasta, perché abbiamo capito a nostre spese che quando si tratta di uffici statali in Messico anche la cosa più facile diventa complicatissima.

E pensare che ieri stavamo guardando i voli e fantasticavamo di tornare a casa in una decina di giorni.

Oggi l'Italia ci sembra per l'ennesima volta lontanissima.

Lunedì, 15 maggio 2023

Ieri sera ci siamo fermati a dormire a Pachuca. Sì, da lì a Celaya erano solo altre tre ore di viaggio, ma alle 17 eravamo così stanchi e sconsolati che abbiamo deciso di fermarci e ripartire il giorno dopo con calma.

E infatti, oggi, dopo una lunga dormita e una bella colazione (anche lì… Betty ha versato tutto il *chocolate mexicano* che avevamo comprato da Starbucks addosso ai pantaloni bianchi di Natascia, che ha dovuto andarsene a comprare un paio nuovo in un negozio lì vicino… Così, per iniziare bene la giornata…), siamo ripartiti verso Celaya e siamo tornati a casa nel pomeriggio, sfiniti e scoraggiati.

Il programma dei prossimi giorni è questo: Francisco si occuperà di contattare il tribunale di Guanajuato per modificare la sentenza, mentre a Teo è stato chiesto di modificare gli atti presso il Registro Civile.

E qui, proprio appena tornati a casa, scatta l'ennesimo dramma.

Fran ci chiama e ci dice che, per assurdo, è più facile cambiare la sentenza che gli atti. Il problema nella sentenza, l'errore di battitura relativo alla data di nascita, è risolvibile in qualche giorno, più complicata è invece la questione della mia nazionalità.

Teo infatti lo ha chiamato spiegandogli che invece di modificare gli atti, sarebbe meglio avere un documento italiano che attesti che, a un certo punto, Cantoro ha preso la cittadinanza italiana.

«Ma Fran, questo documento non ce l'ho! Ma anche l'INF si accorge adesso di questa cosa? Se fosse stato un documento così importante avrebbero dovuto chiedercelo fin dall'inizio! Anche perché se mai riuscissimo a trovarlo, bisognerebbe farlo apostillare in Italia per renderlo valido qui in Messico, e come facciamo?»

«Teo mi ha detto che questo documento era stato richiesto e mai presentato da voi, tanto che all'ufficio Anagrafe, quando sono stati fatti gli atti di nascita dei bambini, vi è stato chiesto e, visto che voi non ce l'avevate, l'operatrice si è trovata costretta a scrivere che sei di nazionalità argentina.»

Ma che cosa sta dicendo?

«No, Fran. Questo documento non ci è stato mai richiesto, mai! Ma figuriamoci! Se lo fosse stato, lo avremmo mandato legalizzato e apostillato a dicembre scorso insieme a tutti gli altri documenti! La signora dell'Anagrafe non ha mai fatto riferimento a quel documento, ma di cosa sta parlando Teo?»

Francisco resta in silenzio per un po', poi sbuffa. «Che situazione, ragazzi.»

Alla fine, ragionando con Fran, conveniamo che bisogna assolutamente trovare un documento che almeno si avvicini a quello che loro chiedono.

Nel cuore della notte, mattina in Italia, causa fuso orario, chiamo mia mamma, le spiego la situazione e lei corre nel comune di Potenza Picena, il paesino in cui sono cresciuto insieme alla mia famiglia – e dove i miei ancora risiedono – a capire cosa si può fare.

L'operatrice dell'Anagrafe le spiega che quando sono arrivato in Italia, nell'88, mi sono subito stabilito a Potenza Picena con la mia famiglia ed essendo minorenne non ho subito un controllo relativo alla mia cittadinanza. Chi lo ha subito è stato mio padre, italiano nato all'estero, a lui sì che sono stati controllati i documenti e, successivamente, accertata la cittadinanza italiana.

Cittadinanza che poi, in automatico, è stata estesa a me.

«Quello che si può fare» dice mamma in vivavoce con la signora dell'Anagrafe «è richiedere un tuo certificato di cittadinanza e un estratto dell'atto di nascita. Entrambi spiegano che sei cittadino italiano. Dovrebbe essere sufficiente.»

«Va bene, dai, richiedilo per favore.»

«Eh, no.»

E ti pareva... adesso che è successo?

«Questi documenti vanno richiesti al Comune di Sant'Elpidio a Mare, dove vi siete sposati e risiedete. Chiamali tu, spiegandogli cosa ti serve e aggiungi che poi li dovrò passare a prendere io, tua mamma, quindi avrò anche bisogno di una delega.»

Ma poca miseria, una cosa facile mai?

E così, alle tre del mattino sono lì a chiamare l'Anagrafe di Sant'Elpidio a Mare raccontando tutta la storia di chi siamo, che facciamo e che ci serve. Per fortuna in Comune si ricordano di noi e dei mille documenti richiestici dal Messico. Ci chiedono solo di mandare un'e-mail con una richiesta scritta. I documenti saranno pronti in un paio di giorni e mia mamma potrà tranquillamente andarli a ritirare.

E per oggi è tutto, facciamo che alle 3.30 possiamo andare a dormire.

Mercoledì, 17 maggio 2023

Sono passati due giorni e stiamo aspettando qualche risposta da Guanajuato. E anche dall'Italia. Francisco si è mosso, nonostante sappia che stiamo cercando di far giungere dall'Italia dei documenti che potrebbero – forse – risolvere la situazione, e si è messo in contatto diretto con l'INF dello Stato di Guanajuato esponendo la situazione relativa al problema della nazionalità e chiedendo una mano. È in attesa di una risposta oggi pomeriggio.

Ci crediamo poco e invece la chiamata arriva. Fran ci dice che domani deve andare a Guanajuato a ritirare un documento integrativo che risolverà il problema dell'anno di nascita errato nella sentenza e poi, udite udite, venerdì mattina alle 8.30 abbiamo appuntamento, solo noi e lui, senza bambini, all'ufficio del Registro Civile per la sostituzione degli atti di nascita dei piccoli.

Gli domando come mai abbiano accettato di modificare gli atti, visto che dall'Italia non è arrivato nessuno dei documenti richiesti, e mi risponde che alla fine sembra bastare il passaporto. Sembrerebbe che qualcuno, ai piani alti dell'INF di Guanajuato, dopo le migliaia di insistenti richieste di Francisco, abbia risolto tutto con una semplice telefonata.

Bah, non ci si capisce più niente...

«Ma Fran, mia mamma in Italia sta correndo di qua e di là per ottenere dei documenti originali, timbrati e apostillati e adesso questi accettano il passaporto? A lei dico di continuare o di lasciar perdere?»

«Ditele per favore che ci invii questi documenti apostillati, che qua non si sa mai. Meglio avere un documento in più che uno in meno. Intanto proviamo a vedere se davvero concludiamo con quello che abbiamo. Se va tutto bene, venerdì pomeriggio potremmo aver sciolto tutti e due i nodi.»

Speriamo che abbia ragione, incrociamo le dita e aspettiamo di vedere cosa succede.

Venerdì, 19 maggio 2023

Ieri, verso le 17, ci ha chiamati Fran per avvisarci che era di ritorno da Guanajuato dove finalmente era riuscito a sistemare la faccenda dell'anno di nascita sbagliato nella sentenza. Aveva ottenuto, non senza difficoltà, un foglio integrativo che spiegava l'errore e lo correggeva. «Stanotte mi fermo a Celaya e domani mattina vi passo a prendere» ci dice, poi chiude la telefonata.

Alle 7.45, puntuali, siamo in auto in direzione, di nuovo, di questo piccolo comune appena fuori Celaya.

Visto che non c'era bisogno dei bambini, abbiamo chiamato una babysitter – Maria ci ha consigliato sua nipote, una ragazza che conosceva le bimbe di Esperanza e quindi anche i nostri.

Appena entrati nell'ufficio, notiamo che la signora – la stessa di qualche settimana fa – sembra un po' infastidita dalla nostra presenza, e capiamo subito il motivo.

Prima di tutto ci tiene a precisare che tutto ciò che stiamo «sistemando» oggi non dipende da un suo errore, ma che anzi, l'ultima volta che ci siamo visti eravamo stati proprio noi, quando lei ce l'ha chiesto, a dirle di indicare l'Argentina come nazionalità del padre dei bambini.

«Ve lo ricordate?»

«Assolutamente sì, ci ricordiamo benissimo che eravamo qui a lavorare con lei su questi documenti e che questa indicazione gliel'ho data proprio io. Probabilmente non sono stati ricontrollati, ma di certo è un compito che non spettava a lei. Ci teniamo comunque anche noi a dirle che non si trattava di nessun errore, io sono effettivamente cittadino argentino tanto quanto italiano, soltanto che...»

«Sì, lo so, l'ufficio Relazioni Estere ha fatto problemi perché negli atti di nascita dei bimbi c'era scritto che il papà era di nazionalità argentina, mentre il passaporto italiano che gli avete fornito dice altro, e l'hanno letta come un'incongruenza. Dalla centrale di Guanajuato mi hanno spiegato.»

«Ma comunque capisce che non è stato un "errore" nostro né tanto meno suo!»

«Benissimo, volevo solo chiarire questa cosa, perché non vorrei che la colpa ricadesse su chi aveva fisicamente prodotto il documento, e quindi io.»

«Signora, siamo assolutamente d'accordo su tutto. Vogliamo solo che si risolva la questione senza attribuire colpe a nessuno.»

Quando si accorge che siamo tutti dalla stessa parte, la signora si ammorbidisce e attacca a lavorare e dobbiamo dire che, tra tutte le persone con cui abbiamo avuto a che fare, a livello di uffici, lei è di gran lunga la più efficiente. Rapida, pratica e competente, e ce n'eravamo accorti anche l'altra volta.

Anche oggi, tutto viene svolto in tempo record e usciamo finalmente con i documenti in mano in poco più di un'ora.

Appena usciti, veniamo attirati da un banchetto che vende *quesadillas* e *gorditas* proprio davanti all'ufficio, ci fermiamo a fare un *desayuno* molto messicano e ne approfittiamo per commentare quanto accaduto negli ultimi giorni e pianificare i prossimi.

Fa un po' ridere il fatto che è super evidente che siamo gli unici stranieri presenti in zona, ma nonostante tutto, grazie all'inarrestabile voglia di mangiare di Francisco ci ritroviamo seduti nel bel mezzo della strada tra le signore che urlano, i motorini che sfrecciano, belli comodi su sgabelli di plastica traballanti a mangiare una gigantesca *gordita* e a scambiare due chiacchiere con la signora del baracchino e qualche simpatico personaggio locale.

A un certo punto arrivano a tutta velocità due *camionetas* dell'esercito da cui scendono alcuni militari armati fino ai denti.

Ci spaventiamo un po', che stia succedendo qualcosa? Guardiamo Fran che già ha percepito il nostro nervosismo e sorridendoci ci dice: «*Naaaa, no pasa nada, no se preocupen, chicos!*»

Ha ragione, i militari raggiungono il nostro baracchino e appoggiati al loro mitra si sparano due *gorditas.*

La signora ci guarda e, con una semplice frase, ci spiega tutto. «È che io faccio le migliori *gorditas* del Messico.»

Non possiamo che essere d'accordo, tanto che le chiediamo se ci può fare anche cinque *tortas de milanesa* da asporto: ci faremo il pranzo.

Mentre mangiamo, rivolti verso l'edificio da cui siamo da poco usciti, notiamo la signora del Registro Civile uscire dall'ufficio con in mano delle ciotole e un grosso sacco di crocchette per cani. Sistema le ciotole e le va via via riempiendo. Davanti a lei in educata attesa ci sono sei o sette cani di strada – qui purtroppo ce ne sono davvero tanti – di diverse età e dimensioni che aspettano che la signora faccia loro un cenno per potersi avvicinare al cibo.

Sembra una scena provata e riprovata, e non possiamo fare a meno di credere che si ripeta ogni giorno. La signora incrocia il nostro sguardo, ci sorride e alza la mano per salutarci. Rispondiamo dall'altra parte della strada.

Che bello il Messico!

Sabato, 20 maggio 2023

Laura ci ha invitati alla prima comunione di tre bambine di Casa Esperanza.

Per la varicella di Pao siamo stati titubanti fino all'ultimo, ma

Laura è donna dalle mille trovate e ha contattato il pediatra della casa famiglia chiedendogli un parere. Questo, dopo aver analizzato i tempi di contagio, si è detto favorevole a un contatto con gli altri bambini.

E quindi, eccoci qui.

La cerimonia si svolge nella chiesetta interna della scuola di Pao; le bambine che si apprestano alla comunione sono un po' nervose ma contente di essere al centro di tanta attenzione.

Durante tutta la cerimonia le tre festeggiate – ma anche le altre bambine di Esperanza – non fanno che voltarsi nella nostra direzione per vedere se siamo ancora lì, per accaparrarsi un nostro sorriso, o un nostro saluto.

Perché, nonostante gli invitati siano tanti – ovviamente Laura si è fatta in quattro per organizzare una bellissima festa –, io e Nati siamo gli unici a non far parte del «mondo» di Casa Esperanza: non siamo operatori, politici, rappresentanti di enti, istruttori di una qualche attività extrascolastica, ma semplicemente persone che sono lì per loro durante una giornata importante. Per loro. È questo che fa la differenza.

Finita la cerimonia ci spostiamo tutti nel giardino di Esperanza, dove Laura ha preparato un bellissimo *desayuno* con tutti gli invitati, tra cui scorgiamo molte facce conosciute: le operatrici di Esperanza, molti vicini di casa del nostro *fraccionamiento* che hanno un ruolo nella casa famiglia, Amelia che è venuta da Città del Messico e fa da madrina a una delle bambine, e anche la signora Isabel, la presidente dell'INF di Celaya, una di quelle persone che non ci ha fatto mai mancare il suo appoggio e il suo aiuto quando ha potuto.

Proprio con lei chiacchieriamo brevemente prima di prendere posto ai tavoli. E in realtà si crea una sorta di miniriunione a cui partecipano, oltre a noi e Isabel, anche Laura, e due vicepresidenti dell'INF di Guanajuato.

Infatti, ora che abbiamo tutti i documenti e dobbiamo richiedere un nuovo incontro per il rilascio dei passaporti, vorremmo sapere se e come queste autorità possono aiutarci per evitare di ritrovarci nella spiacevole situazione della volta scorsa.

Appena spieghiamo l'accaduto, Isabel ci blocca e ci dice che ha saputo quello che è successo a Città del Messico e che si è già mossa, nella giornata di ieri, indicendo una riunione ufficiale in cui chiedeva ai sottoposti dell'INF di Celaya di risolvere la questione passaporti.

«Già nella giornata di lunedì dovreste avere una data per un appuntamento in un'altra sezione dell'ufficio Relazioni Estere, sempre a Città del Messico, ma in un distaccamento diverso. Avrete tutto l'appoggio statale possibile. Il procuratore Teo vi chiamerà lunedì per comunicarvi la data dell'appuntamento» ci dice, mentre i vicepresidenti annuiscono.

Ringraziamo di cuore tutti e spieghiamo loro quanto sia importante per noi il loro appoggio.

Inutile dire che questa notizia rende una giornata già bella e gioiosa davvero stupenda.

Lunedì, 22 maggio 2023

Dovrebbe essere il giorno in cui avremo una data per l'appuntamento per i passaporti, ma già dalla mattina qualcosa comincia a girare storto, come da prassi.

Abbiamo deciso di attuare un super pressing quotidiano affinché non si perda tempo, quindi chiamiamo Teo chiedendo a che punto siamo con la *cita*. A gran sorpresa, ci risponde che sta ancora aspettando da Francisco gli atti di nascita dei bambini apostillati.

Siamo così desolati che ci siamo rassegnati a situazioni come queste.

Chiamiamo Fran e facciamo pressing anche su di lui, ma lui si dimostra sorpreso e ci dice che non c'è bisogno di nessun documento apostillato per chiedere appuntamento. «Di cosa sta parlando Teo?»

Adesso sì che cominciamo a preoccuparci! E siamo così esperti in burocrazia e incomprensioni messicane, che capiamo subito che questo inghippo allungherà l'attesa.

Completamente sconsolati, diciamo: «Non lo sappiamo Fran, prova a sentire tu Teo, e vedi cosa vuole. Avevano detto che ci avrebbero comunicato la data oggi, ma pare che senza questo documento non possano prendere appuntamento. Sentilo tu, per piacere, perché sennò qua non ci capiamo più un cavolo».

Qualche ora dopo ci ritelefona un Fran versione turbo: «Allora, cambiamo strategia, perché così ci rimpalliamo le cose da fare e non capiamo niente. Teo ha insistito che è necessario quel documento apostillato anche solo per prendere l'appuntamento, ma io so che non è così: per prendere l'appuntamento bastano quei quattro o cinque documenti di cui lui è già in possesso, niente più. Solo poi, al momento dell'incontro ci sarà bisogno di presentare i fogli apostillati che dice lui, ma non ora. Quindi ho deciso di fare per conto mio e chiamare un mio contatto all'INF nazionale e prendere appuntamento con il direttore dell'ufficio Passaporti, altrimenti qua non finiamo più.»

«Ma quindi con Teo e tutto il gruppo INF di Celaya che ha detto di appoggiarci non facciamo niente?»

«Forse ci possono aiutare più in là per altre cose, ma io credo che in questo momento facciamo prima per questo mio canale.»

«D'accordo Fran, l'importante è che siate coordinati con Teo e che facciate le cose di pari passo.»

Nel frattempo la giornata volge al termine e prima di andare a letto ci arriva un messaggio di Fran che ci dice di aver preso contatti con l'INF nazionale e di aver mandato tutti i documenti richiesti; a breve dovrebbe arrivare una data per l'appuntamento.

E intanto anche questo lunedì è finito.

Mercoledì, 24 maggio 2023

C'era da aspettarselo, non abbiamo ancora una data per l'appuntamento per i passaporti.

La settimana è appena iniziata ed è già una delle più lunghe da quando siamo qui.

Visto che siamo nella desolazione più totale e in attesa che arrivi una buona notizia a tirarci su il morale, decidiamo di tirarcelo su da soli facendo qualcosa insieme ai bambini.

Qualche giorno fa, Nati aveva detto alle piccole che prima di partire avremmo fatto un restyling alle capigliature, con taglio e boccoli che loro tanto amano visto che i loro capelli sono lisci come spaghetti. Ovviamente da giorni le bambine non fanno che chiederci quando andremo, così chiamiamo la nostra parrucchiera messicana di fiducia, ormai un'amica anche lei, che ci dà appuntamento per oggi pomeriggio alle 16.

La *señora* Jennifer, innamorata dei nostri bambini e della nostra famiglia, ci aspetta letteralmente a braccia aperte.

«*Ahy mis amores, como están, hermosuras? Que muñequitas, tesoros!*»

Jennifer è una bellissima signora sulla sessantina, capelli biondo platino, sempre perfettamente truccata e pettinata, unghie super curate, abbigliamento moderno e immancabili tacchi altissimi.

Ci vede subito che siamo un po' giù e ci dice di rilassarci, che ci penserà lei a rimetterci in sesto.

Inizia con le bambine, poi passa a Santi che, visto il caldo infernale, decidiamo di rasare quasi a zero, infine riesce a convincere anche Nati a passare sotto le sue mani.

Praticamente l'intero staff della parrucchiera si sta occupando di noi e passiamo un paio d'ore a farci coccolare. Alla fine, travolto da tutto questo amore, cedo anch'io e mi faccio sistemare la barba.

Belli come il sole, decidiamo di fare due passi al centro commerciale che conosciamo ormai come le nostre tasche e poi ci avviamo verso casa non prima di aver preso una pizza gigante come piace ai bambini, per cena.

Poco dopo cena, leggendo le notizie, veniamo a scoprire che anche se avessimo avuto tutti i documenti pronti per partire oggi stesso non avremmo potuto farlo. L'aeroporto di Città del Messico, infatti, sta registrando grossi problemi a causa dell'eruzione del vulcano Popocatépetl che ha riempito il cielo della capitale di fumo e cenere vulcanica tanto da cancellare i decolli e deviare gli atterraggi su altre città.

Venerdì, 26 maggio 2023

Stamattina ci svegliamo prima dell'alba e non solo per lo stress accumulato; quella passata, infatti, è stata probabilmente la nottata più calda degli ultimi mesi. Il treno, poi, ci sembra sempre più insopportabile.

Di notizie da Città del Messico manco l'ombra, ovviamente, ma basta aspettare che si sveglino i bambini per dare il via a una nuova avventura: è ufficiale, anche Betty ha preso la varicella.

Ieri sera ci eravamo accorti di qualche puntino, soprattutto sulla schiena, e avevamo deciso di aspettare la giornata di oggi per ricevere qualche conferma.

Che dire, la conferma è arrivata bella forte, visto che la faccia della bambina è davvero piena di puntini che sono spuntati nel corso della notte, inoltre ha un po' di febbre.

Durante il pomeriggio Francisco ci manda il solito messaggio di aggiornamento-non aggiornamento, nel senso che ci ripete che nulla è successo e siamo in attesa di una data, ma stavolta la mancanza di novità ci pesa un pelo meno perché comunque, anche se ci avessero dato un appuntamento da qui a domani o dopodomani, con Betty in queste condizioni sarebbe stato un problema andarci.

Ci viene da pensare che, anche se avessimo dovuto prendere un volo in questi giorni, quest'esplosione di varicella avrebbe creato più di un problema. Magari non ci avrebbero fatti salire sull'aereo, magari avremmo perso i biglietti.

Inoltre sappiamo bene che una volta finito con Betty, con ogni probabilità il valzer ricomincerà con Santi.

Vuoi vedere che forse è un bene che i documenti non arrivino? Vuoi vedere che, alla fine, ha ragione Laura quando dice che tutto succede per una ragione, anche se a volte non sappiamo quale? Vuoi vedere che…

No… tutto questo ragionamento zen dura poco più di un secondo, e subito dopo ripiombiamo nella realtà: la bambina ha 38 di febbre e la varicella, il piccolo sicuramente ce l'ha in incubazione e non abbiamo ancora una data per fare questi benedetti passaporti.

Sarà l'ennesimo fine settimana di merda.

Sabato, 27 maggio 2023

Oggi Betty sembra stare un pochino meglio e decidiamo di preparare i tacos. Da qualche settimana siamo diventati bravini, formando anche una sorta di squadra con i bambini, infatti ognuno ha il proprio compito: c'è chi sistema i piatti, chi fa la guacamole, chi prepara la carne.

Ovviamente il top sarebbe saper fare in casa anche le famose tortillas di mais, ma non siamo ancora a quel livello, quindi decido di andare con Santi al supermercato a comprarle, mentre Nati si incarica di cominciare a tagliuzzare cipolle, pomodori...

Tornato a casa, appena richiusa la porta, sento Natascia che dice: «Ah, per fortuna sei tornato, c'è stato un problema».

Mi avvicino alla cucina e la trovo rivolta di schiena.

«Che è successo?»

Si volta e mi mostra un occhio rosso acceso e lacrimante, mentre mi dice: «Mi stavo per sentire male, non mi sento nemmeno il naso oltre all'occhio, ma adesso va un po' meglio...»

L'occhio è davvero mostruoso, mi avvicino e le chiedo che cosa abbia fatto.

Mi risponde: «Stavo tagliuzzando un peperoncino e devo essermi toccata il viso».

«Ma scusa, che peperoncino era?»

«Ah boh, uno scuro.»

«L'habanero? Ti sei toccata l'occhio con la mano con cui tagliavi l'habanero? Ma è già tanto se non ti è caduto, l'occhio!»

Facciamo degli impacchi con acqua fresca, ma il rossore dura qualche ora.

I tacos però vengono molto bene e siamo tutti soddisfatti.

In serata riceviamo una videochiamata dall'Italia e restiamo un bel po' a chiacchierare con Elisa e Simone e, quando raccontiamo ai nostri amici che la canzone preferita dei bimbi è *The Scientist*, Simone prende la chitarra e ci cimentiamo in un'improbabile performance intercontinentale.

Risultato da rivedere, ma la cosa diverte molto i bambini e tutto si trasforma in un momento emozionante, che porteremo nel cuore. Diciamo che il sabato è stato un pochino meglio di quello che ci aspettavamo e un altro giorno di questo interminabile periodo è passato.

Lunedì, 29 maggio 2023

Betty oggi sta meglio: quasi tutti i puntini si sono seccati e lei è molto più in forma rispetto a qualche giorno fa. Santi, per fortuna, sembra stare ancora bene, ma ci aspettiamo da un momento all'altro di vedergli addosso qualche strana macchiolina rossa, per non parlare di me che alla mia veneranda età non ho ancora preso la varicella. Meglio non pensarci.

Nel frattempo, oggi abbiamo sentito sia le ragazze dell'associazione in Italia sia Fran e abbiamo deciso di aspettare ancora un paio di giorni per vedere se finalmente arriva la risposta dall'INF nazionale. A quanto dice Fran, la strada che stiamo battendo è sia una strada personale sua sia la strada istituzionale degli «amici di Guanajuato» con cui abbiamo parlato quella volta alla comunione delle bambine: infatti, secondo lui, sono tutti coinvolti, in quanto tutti stanno tempestando di chiamate l'INF nazionale e facendo pressione affinché ci diano questa benedetta data per l'incontro.

Evidentemente o nessuno preme troppo o nessuno pesa abbastanza, perché da ormai una settimana siamo bloccati in attesa di una risposta che non arriva.

La nuova strategia è la seguente: già giovedì, in caso di silenzio, faremo un passo indietro, metteremo in un cassetto il «canale istituzionale» e faremo una richiesta di un appuntamento come farebbero tutti i comuni mortali. Senza appoggi. Senza spalle coperte. Di nuovo in balia degli eventi. Avremmo voluto evitarlo, ma se non si può fare diversamente…

Per gli ottimisti è una nuova strategia; per gli sfiniti, ossia i sottoscritti, significa aver perso una decina di giorni buoni. E, in un contesto in cui un'ora pesa una tonnellata, è imperdonabile.

Martedì, 30 maggio 2023

Da un paio di settimane ormai, ogni giorno inizia con due propositi: o arriva una buona notizia o meglio che le ore passino in fretta e giunga presto domani, altra giornata utile per aspettare, di nuovo, la buona notizia di cui sopra. Oggi non fa eccezione.

Che poi si fa in fretta a scrivere «martedì, 30 maggio», ma in realtà devo aprire il calendario per rendermi conto di quale sia il giorno della settimana che sta iniziando. Ormai il lunedì è uguale alla domenica e il mercoledì al sabato. Stamattina scopro non solo che è già martedì, ma che sta anche volgendo al termine il mese di maggio.

Sì, tra due giorni sarà giugno e noi saremo ancora qui, molto probabilmente senza una mezza idea di una data per la produzione dei passaporti, *ergo* senza nemmeno poter ipotizzare una data di ritorno a casa.

In mattinata decidiamo di dividerci, la mattina vado al centro commerciale con Santi e Pao, mentre Nati resta con Betty che sta sempre meglio, ma è ancora in convalescenza.

Forse al pomeriggio faremo uno switch. O forse no, boh. Probabilmente no. Sicuramente no.

E infatti dopo pranzo decidiamo di fare un pisolino, vedere qualche cartone e lanciare ogni tanto un'occhiata al telefono, che però rimane in silenzio.

Domani sarà sicuramente un giorno migliore.

Mettiamola così.

Giovedì, 1 giugno 2023

E così, è cominciato pure giugno. Se appena arrivati ci avessero detto che a giugno saremmo stati ancora qui, ci saremmo fatti una grossa risata e avremmo detto: «Be', cavolo, speriamo proprio di no!»

Ogni volta che inizia un nuovo mese, mi viene in mente la faccia del nostro amico Leonardo che ci dice che a fine febbraio saremmo stati a casa...

Come da programma, visto che ieri dall'INF nazionale non è arrivata nessuna risposta, oggi Francisco si accinge a prendere un appuntamento online.

Verso mezzogiorno ci telefona, ci sono due buone notizie: la prima è che l'appuntamento è stato preso e abbiamo una data, la seconda è che, a differenza di quanto temevamo, la data è molto prossima, il 5 giugno alle 13 a Coyoacán. Cavolo, non ce lo aspettavamo e dobbiamo dire che sono notizie che cambiano un po' il nostro umore, nero pece da settimane. Adesso è, diciamo, grigio, non è che siamo diventati di colpo ridenti e felicissimi, ma sicuramente dopo giorni di attesa sono informazioni che fanno bene.

Abbiamo un mal di testa così forte che nel pomeriggio decidiamo di stenderci un po' al letto e ci dimentichiamo di avvisare tutti quanti della novità, tanto che la sera, quando ci arriva una telefonata di Laura, la prima cosa a cui pensiamo è: «Cavolo, non le abbiamo detto niente!»

Le rispondiamo e non facciamo in tempo a dirle una parola che lei ci anticipa: «Ragazzi, mi hanno appena chiamato dall'INF di Guanajuato, ho saputo che c'è un appuntamento!!!»

«Sì, il 5 giugno alle 13 a Coyoacán. Ce lo ha detto Fran stamattina, stavamo giusto per chiamarti.»

«È una notizia ottima, inoltre la data è davvero vicina! E poi è importante anche che ci sia un appoggio governativo dietro, l'INF di Guanajuato sta sostenendo formalmente la cosa, hanno mandato un'e-mail ufficiale di appoggio e questo ha un peso.»

E ha ragione. Speriamo bene, se davvero fosse tutto okay, forse potremmo avere i passaporti in mano già lunedì sera. Non diciamolo troppo forte.

Domenica, 4 giugno 2023

Ci svegliamo presto in modo da poter partire, come da programma, verso le 9.30.

Anche stavolta, in accordo con Fran abbiamo deciso di arrivare fino a Pachuca, lasciare l'auto a casa sua e farci accompagnare da lui a Città del Messico, sempre perché la macchina che stiamo usando, il grande Antonio, in centro città non può entrare.

Ovviamente, partiamo con appena trenta minuti di ritardo, ma alle 10 siamo già in auto e in direzione di Pachuca.

Come al solito, i bambini ci stupiscono per come sono composti e bravi in viaggio, ormai stanno diventando dei veri viaggiatori, proprio come noi.

Tra una playlist da cantare a tutto volume, un pane e cioccolato preparato a casa, il racconto di varie storie di paura, ci facciamo tre ore di macchina senza fermarci mai. A Pachuca salutiamo Fran e l'inseparabile Luz e, dopo aver mangiato un gigantesco hamburger con patatine, ripartiamo verso Città del Messico.

Se l'ultima volta avevamo preso un Airbnb nella zona Roma Norte, stavolta abbiamo deciso di cambiare area e alloggiare in Condesa, altro quartiere centrale e molto bello della città. La scelta è ricaduta su questo appartamento anche perché si trova a un passo dal bellissimo Bosque de Chapultepec, che contiamo di andare a visitare proprio oggi pomeriggio, visto che la volta scorsa

Nati ci era stata con Betty e ci sono tantissime attività da fare.

E infatti, dopo aver salutato Francisco e Luz e averli ringraziati per la compagnia e lo strappo in città, e dopo aver lasciato le valigie nell'appartamento, decidiamo di fare un salto al bellissimo parco.

Arriviamo quindi baldanzosi e contenti all'ingresso del Bosque, uno dei parchi urbani più grandi del mondo, stiamo per entrare, quando una poliziotta ci ferma e ci dice che il bosco sta chiudendo.

«Ma scusi, a che ora chiude il parco?»

«Alle 18.»

Sono le 17.55. Sempre fortunati!

Alla fine optiamo per andare in un altro parco lì vicino, il Parque México, che già conosciamo, e, nonostante sia molto più piccolo e meno affascinante, è comunque molto carino e fa il suo, ossia far correre e sudare i bambini per un paio d'ore prima di tornare in appartamento per la cena.

In serata Francisco ci chiama e ci avvisa che dall'INF di Guanajuato arriverà niente popò di meno che l'avvocato Gutierrez, il legale che ci aveva rappresentato durante l'udienza per la sentenza di adozione dell'11 aprile.

«Ma... Francisco, l'avvocato Gutierrez poi potrà entrare con noi nell'ufficio Relazioni Estere? Cioè l'ultima volta ti ricordi che ci avevano vietato in ogni modo di far entrare qualsiasi altra persona che non fosse parte della famiglia?»

«Sì, mi ricordo. E no, non potrà entrare con voi. Nessuno potrà entrare con voi.»

«Mmm... E quindi... Cioè che viene a fare?»

«Una sorta di appoggio, per far vedere che Guanajuato è al vostro fianco.»

E continua: «Perché, attenzione, pare che la pressione di Guanajuato abbia sortito qualche effetto: il mio contatto all'INF nazionale mi dice che effettivamente loro sono al corrente che l'ufficio Relazioni Estere vi sta aspettando, mi hanno confermato che per aiutarvi si è esposta la presidente dell'INF di Guanajuato».

E questa è senza dubbio una buona notizia.

Andiamo a dormire un pochino nervosi, ma stavolta, a differenza di venti giorni fa, abbiamo delle sensazioni positive.

Lunedì, 5 giugno 2023

Arriviamo all'ufficio di Coyoacán alle 12.40 e siamo proprio un bel gruppetto: noi cinque accompagnati da Francisco e dall'avvocato Gutierrez che, in quanto a stazza, potrebbero fungere anche da guardia del corpo.

Ci avviciniamo a un signore all'ingresso con in mano dei fogli dove evidentemente sono segnati gli appuntamenti e facciamo il nostro nome. Il tipo scorre varie pagine senza nemmeno guardarle e individua i nostri nomi come se sapesse già dove andare a cercarli, forse è proprio vero che ci stanno aspettando.

Ci dice di seguirlo e ci accompagna da un altro operatore che ci spiega come andrà l'incontro: prima di tutto lui controllerà se abbiamo tutti i documenti necessari, dopodiché andremo allo sportello 12 dove un altro operatore controllerà la validità di tutti i documenti prodotti.

Il terzo step sarà aspettare che ci chiamino da uno degli sportelli Biometrico per fare foto e prendere impronte digitali, e alla fine dovremo metterci in fila in attesa della consegna dei passaporti, che avverrà proprio nello sportello Entrega.

Okay, possiamo cominciare.

Ci chiede di mettere sul tavolo i vari documenti, divisi per ogni bambino. Ormai dopo mesi di esperienza di burocrazia latinoamericana ci vengono le palpitazioni a ogni minima e semplice richiesta.

Natascia è nervosa e, ogni due per tre, lancia un'occhiata dall'altra parte del vetro, verso Francisco, che non ci perde di vista e continua a farle il cenno di rilassarsi scendendo il suo mantra dal giorno uno: «*Relájate Natascia*».

Va detto che l'operatore è molto carino e fa di tutto per metterci a nostro agio, ma a un certo punto, mentre controlla il faldone di Pao, dice: «Ragazzi, qui manca il CURP della bambina».

Eh no, non è possibile! Ma come?

Controlliamo anche noi. È vero, non c'è il CURP – il documento d'identità.

Che si sia mischiato con i documenti degli altri bambini?

Cominciamo a cercare, ma conoscendo bene la legge di Murphy sappiamo già che: nella migliore delle ipotesi il CURP di Pao non lo troveremo, ma almeno troveremo quello degli altri due; nella peggiore non troveremo il CURP di nessuno dei tre.

Se avessimo 1000 euro da scommettere punteremmo senza manco pensarci sull'opzione B, e infatti, come da copione, dopo aver controllato venti volte ci arrendiamo all'amara realtà: i CURP dei bambini non ci sono.

Non sappiamo se metterci a piangere, urlare o buttarci per terra, ma prima decidiamo di sentire i Batman e Robin dell'adozione internazionale, sperando che o Fran o Gutierrez abbiano delle copie di questi benedetti CURP.

Ci giriamo verso sinistra e vediamo che i due, dall'altra parte della vetrata, ci guardano.

Ci avviciniamo e spieghiamo loro il problema. L'avvocato Gutierrez osserva Francisco con gli occhi sbarrati, Fran invece annuisce, apre la cartellina, tira fuori tre fogli e, dopo aver consultato un poliziotto all'esterno, entra negli uffici per darceli.

Abbiamo i CURP, grazie Batman e Robin.

Appurato che abbiamo tutti i documenti, l'operatore ci dice di andare alla Ventanilla 12 a controllarne la validità. Gli chiediamo se dobbiamo metterci in fila e lui ci risponde di no, ci stanno aspettando.

In effetti ci avviciniamo allo sportello e il tipo dall'altra parte prima ci dice di sederci e aspettare, poi, alzando lo sguardo, ci dice: «Ah, siete voi» e ci chiede di mostrargli i vari documenti.

Dopo aver revisionato il tutto e averci detto che è okay, ci dice che vorrebbe fare qualche domanda ai bambini. E allora arrivano prima le bimbe a cui chiede quanti anni abbiano, se stiano bene con i genitori e altre due o tre cosine.

Poi arriva il turno di Santi, a cui vengono chieste le stesse cose oltre a: «Come ti comporti con tuo papà?», a cui lui risponde: «Mmm, *muy mal*», facendo scoppiare tutto l'ufficio in una sonora risata.

Questo secondo step non poteva finire in un modo migliore. Il signore della Ventanilla 12 ci dice che va tutto bene e che possiamo metterci in attesa per foto e impronte.

Dopo un paio d'ore veniamo chiamati al Biometrico 12, dove una ragazza scatta foto e prende impronte e firme di tutti e poi ci congeda chiedendoci di aspettare che ci chiamino per la consegna.

Usciamo dallo stanzino e subito ci arriva un messaggio di Francisco che da fuori, insieme all'inseparabile avvocato Gutierrez, continua a monitorare tutto: *È fatta! Praticamente ormai manca solo che li stampino, abbiamo i passaporti!*

Mentre siamo in attesa della consegna, Pao e Betty ci dicono di dover andare in bagno, peccato che dentro l'ufficio Relazioni Estere il bagno non ci sia e noi non possiamo uscire perché dovremo essere presenti entrambi in caso ci chiamino, cosa che, conoscendo bene la nostra fortuna, sicuramente accadrà.

E così abbiamo ancora bisogno di Batman e Robin. Parliamo

con la poliziotta all'ingresso e, dopo averle spiegato la situazione, consegniamo le bambine a Francisco e Gutierrez, che le accompagnano in bagno. Dopo quindici minuti il quartetto torna in fila indiana praticamente di corsa, li raggiungiamo all'ingresso e Fran, con il respiro affannato di chi ha fatto gli ultimi metri di corsa più di dieci anni fa, ci racconta che il bagno era lontanissimo e che le bambine una volta entrate non uscivano più, tanto che hanno dovuto chiedere alla signora delle pulizie di entrare a chiamarle.

Alle 6 di sera, dopo alcune ore di attesa, finalmente chiamano il nome di Ana Paola Cantoro Diomedi allo sportello Entrega 3. Ci alziamo, ci avviciniamo, e dall'altra parte del vetro li vediamo: sono lì, tre stupendi passaporti verdi con la scritta MÉXICO pronti per essere ritirati.

Firmiamo dove serve – se quest'anno avessimo preso un euro per ogni firma fatta, saremmo milionari – e ritiriamo i tre tanto sognati libricini verdi.

I bambini sono molto emozionati e ci mostrano il loro passaporto come un trofeo. Pur essendo così piccoli, capiscono che questo documento è quello che li rende liberi di vivere la loro nuova vita in Italia, e sono proprio loro a chiederci di mandare le foto con in passaporti in mano alla famiglia in Italia, anche se da noi è notte inoltrata.

Nel mentre, quasi fossimo connessi telepaticamente, Laura, che era stata in ansia e in attesa per tutto il giorno, ci scrive. In tutta risposta mandiamo anche a lei una foto della famiglia Cantoro con i passaporti in mano.

Ci manda un vocale in cui non nasconde il pianto per questa notizia che aspettava dal giorno in cui i bambini sono arrivati a Casa Esperanza.

Usciamo dagli uffici, e Batman e Robin sono lì ad attenderci, li abbracciamo sinceramente e chiediamo a Francisco di scattarci qualche foto e farci qualche video. Ce li fa, ma fanno tutti schifo e, avendo ormai una certa confidenza, Natascia non perde occasione per dirglielo. Lui ride e ci dice: «Mica sono Spielberg! Ma parliamo di cose più importanti: andiamo a mangiare qualcosa?»

Ci dirigiamo alla Casa de Tono e ordiniamo praticamente tutto quello che c'è nel menu. Ogni piatto che arriva viene presentato da Francisco, che ci elenca gli ingredienti, le tecniche di cottura, la storia della ricetta e, ovviamente, come va mangiato. La parte dell'assaggio è sicuramente quella in cui dà il meglio di sé, dove la teoria lascia ampiamente spazio alla pratica.

Dopo l'abbuffata, saliamo in auto tutti insieme – sì, tutti e sette in un normale suv, ma qui è la norma... – per accompagnare l'avvocato Gutierrez al suo hotel, visto che domattina rientrerà a Guanajuato.

In macchina, come ogni volta che siamo con Fran, i bambini gli chiedono di mettere le canzoni che piacciono a loro per poterle cantare e ballare.

Una di queste è *Hawái* di Maluma, brano che è diventato un vero tormentone di questi mesi messicani e che abbiamo scoperto essere anche una delle canzoni preferite di Francisco.

Quando Francisco la fa partire, vuoi per l'entusiasmo del momento, vuoi per la gioia di una giornata andata benissimo, cominciamo a cantarla a squarciagola.

Solo Gutierrez, un po' in imbarazzo, mantiene un contegno e una certa professionalità per quasi due strofe, salvo poi farsi trasportare da questa incontenibile ondata di allegria, e iniziare timidamente a canticchiare muovendo le spalle a ritmo.

E niente, al ritornello Gutierrez esplode, canta, urla e si lancia in un balletto.

Gutierrez è ormai uno di noi.

Martedì, 6 giugno 2023

In mattinata ripartiamo verso Celaya, come al solito Francisco ci viene a prendere in appartamento e ci porta a Pachuca dove abbiamo lasciato la nostra macchina.

Durante il viaggio di ritorno chiacchieriamo con Fran di quanto accaduto ieri all'ufficio Relazioni Estere.

«Alla fine l'INF di Guanajuato ci ha aiutati veramente?» gli chiediamo.

«Sì, il giorno in cui io ho preso appuntamento per fare i passaporti, la presidente dell'INF di Guanajuato ha preso in mano la situazione, stanca del fatto che nulla sembrava muoversi e intenerita dalla vostra condizione di stallo. Così ha mandato un'e-mail a suo nome all'INF nazionale spiegando l'accaduto e chiedendo che la pratica ricevesse una sorta di priorità, vista la vostra lunga permanenza nel Paese. A sostegno di questo hanno mandato l'avvocato Gutierrez, per dare forza al loro appoggio. Avete visto che nell'ufficio Passaporti tutti sembravano conoscervi?»

Sì, in effetti ce ne siamo accorti. Vorremmo capirci e saperne qualcosa di più di tutta questa trafila tra l'INF di Guanajuato e quello di Celaya, ma alla fine ci accontentiamo di avere i passaporti in mano, quello era l'obiettivo ed è stato raggiunto.

Approfittiamo della sosta a Pachuca per far controllare le gomme della macchina, visto che dobbiamo affrontare il viaggio di ritorno verso Celaya, e nel mentre facciamo scorta di *pastes*, una sorta di empanada argentina farcita con carne, patate, wurstel, prosciutto e formaggio. Fran insiste nel farci comprare anche dei *cubiletes de queso*, un pane dolce messicano, simile a una minicrostata, perché non sia mai che durante il tragitto veniamo assaliti dalla fame.

Nell'occasione Fran ci dice anche che tra poco inizierà la dieta, ma siccome è da gennaio che sentiamo questa storia nessuno gli crede, anche perché da quando siamo qui non lo abbiamo mai visto privarsi di nulla. Piuttosto ci focalizziamo sui prossimi passi in ambito burocratico, che sembrano essere i seguenti, il 13 Fran ha appuntamento con l'ambasciata italiana per legalizzare tutti i documenti raccolti finora. A quel punto vanno inviati via e-mail in Italia alla CAI – Commissione Adozioni Internazionali – che solitamente risponde in ventiquattro o quarantotto ore. Con il documento-risposta inviatoci dalla CAI, dobbiamo andare in ambasciata per far mettere dei visti sui passaporti dei bambini, l'ultimissimo mattoncino prima di poter partire.

Sembra incredibile anche a noi, ma la meta adesso sembra davvero a un passo. Restiamo comunque con i piedi per terra, perché da queste parti non si può mai dire. Con questa notizia, salutiamo Fran e Luz e torniamo verso Celaya. Il viaggio sembra avere un sapore più dolce del solito, anche il bellissimo tramonto che ci accompagna sembra volercelo ricordare. Questa volta con noi torna anche la gioia di essere finalmente riusciti a fare questi passaporti che sembravano un'impresa impossibile.

Ci piace viaggiare in macchina qui in Messico, perché i paesaggi sono bellissimi e molto vari. Tuttavia, l'insegna luminosa lungo la strada con la scritta EMERGENCIAS 911 AYÙDANOS A LOCALIZARLA e il volto di una ragazza giovanissima, ci riporta alla realtà e ci dice che siamo arrivati di nuovo a Celaya. La gioia per le ultime notizie lascia spazio all'amarezza per tutto quello che di orribile accade qui.

Giovedì, 8 giugno 2023

Laura passa da casa per salutarci e per portarci una valigia bella grossa che, a detta sua, non le serve più. In effetti è molto ampia, e a noi torna utile.

Passiamo un po' di tempo insieme e le raccontiamo tutto con minuzia di dettagli.

Dopo un po' ci dice che ha sentito la presidente dell'INF di Guanajuato, e che vorrebbe vederci per scambiare due chiacchiere e salutarci.

«Vuole parlarci? Che bello, anche a noi farebbe piacere ringraziarla di tutto. Però Laura noi adesso siamo incasinati forte, non riusciamo ad andare fino a Guanajuato!»

«Infatti è quello che le ho detto, ma lei ha risposto che se per voi va bene, può passare con piacere qui a casa vostra.»

«Va bene, Laura, se vuole passare per noi andrebbe bene lunedì o martedì. È uguale, tanto noi saremo qui. Uno qualsiasi di quei due giorni per noi va bene, all'ora che preferisce.»

«Okay, dai, dopo le mando un messaggio e la avviso della vostra disponibilità.»

Dopo un paio d'ore di chiacchiere, mille tazze di caffè e dolcetti vari, salutiamo Laura. È sempre bello passare del tempo con lei.

Un'oretta dopo, ci richiama chiedendoci se ci sta bene incontrare la presidente dell'INF di Guanajuato martedì 13 alle 11.

Le rispondiamo di sì e mettiamo in agenda l'appuntamento.

In serata Josè, il collaboratore di Laura, passa da casa a prendere la mamma gatta e i due piccoli rimasti ancora da noi. Li salutiamo, ma siamo tranquilli perché hanno già trovato casa. Dove? Ma da Laura, ovviamente! Siamo sicuri che staranno benissimo.

Venerdì, 9 giugno 2023

È ora di programmare i prossimi giorni. Prima di tutto, quanto tempo restiamo ancora a Celaya? Abbiamo deciso così: il 13 Francisco andrà all'ambasciata italiana a Città del Messico a far legalizzare i documenti e il giorno stesso li spedirà in Italia in attesa che vengano ricevuti dalla CAI, la quale risponderà mandando la richiesta di visti in massimo quarantotto ore.

Il 14 mattina partiremo definitivamente da Celaya. Fran verrà qui con la sua macchina perché con quella che abbiamo noi non riusciremmo a caricare famiglia e valigie, e con le due auto partiremo alla volta di Pachuca.

Rimarremo una notte lì: è da gennaio che parliamo con Fran di passare un po' di tempo nella sua città e lui non vede l'ora di farci provare le specialità culinarie dello Stato di Hidalgo, questo ci sembra il momento giusto.

Il giorno 15 ricaricheremo in auto baracca e burattini e ci dirigeremo verso Città del Messico, nella speranza che quello stesso giorno arrivi l'e-mail della CAI e ci dia la possibilità di prendere appuntamento all'ambasciata per fare i visti il giorno successivo, il 16.

Se il piano va per il verso giusto, nella serata di venerdì 16 avremo tutti i documenti e potremo finalmente procedere all'acquisto dei biglietti dell'aereo; a quel punto ogni giorno potrebbe essere quello buono per la partenza.

Seconda cosa, bisogna organizzare una *despedida*, un saluto ufficiale alle bambine e alle operatrici di Esperanza e a tutte le persone che ci hanno accompagnato in questo viaggio. Chiamiamo Laura per chiedere consiglio – che strano! – e in quattro e quattr'otto tutto è perfettamente organizzato e ognuno ha i propri compiti, il nostro è quello di comprare bicchieri, tovaglioli, posate, piatti di carta e di andare a prendere duecento *tacos sudados* in un negozio di fiducia di Laura, di cui ci manda la posizione.

Domenica 11, tacos *pronti alle 9.30, festa nel giardino di Casa Esperanza alle 10.*

Cosa faremmo senza Laura?

Sabato, 10 giugno 2023

In previsione della nostra imminente partenza, i bambini ci chiedono di andare a giocare qualche ora con le bambine di Casa Esperanza e noi non possiamo che acconsentire.

Chiamiamo Maria, la direttrice, e ci risponde che sono felicissimi di poter passare qualche ora con i nostri piccoli, di cui sentono la mancanza.

Così, nel primo pomeriggio, dopo aver lasciato le bambine a Esperanza, ne approfittiamo per fare qualcosa che non abbiamo fatto mai, nonostante siamo qui da mesi: visitare Celaya.

Scopriamo che il centro storico è molto carino, con molti edifici in stile neoclassico e la Plaza de Armas è piena di vita.

Dopo una bella passeggiata, andiamo a comprare il dolce tradizionale di Celaya, la *cajeta*, fatta principalmente con il latte di capra. Quando abbiamo chiesto a Laura dove comprarla, ci ha detto: «Per noi celayensi la migliore di tutte è quella de La Vencedora». E noi, che un po' celayensi lo siamo diventati, non possiamo che optare per quel marchio. Entriamo nel negozio e facciamo acquisti per noi, per parenti e per amici.

Domenica, 11 giugno 2023

Sappiamo che sarà una giornata di quelle toste, per cui ci svegliamo presto e, subito dopo la colazione, comincia la processione per la doccia. Alle 9.30 sono in auto per andare a prendere i tacos, poi passerò a riprendere tutta la famiglia e via, direzione Casa Esperanza. Il negozio si trova nel quartiere Las Insurgientes, uno dei più pericolosi della città, ma senza dubbio l'area dove sto andando è sicura, altrimenti Laura non mi avrebbe mandato lì.

Mi avvicino e, boh, sarà anche sicura ma la zona è brutta forte. Ci sono quattro o cinque locali che potrebbero essere potenzialmente quello che cerco, ma l'assenza di insegne o cartelli non aiuta. Decido di fermare la macchina davanti al primo di una serie e chiedere.

Praticamente è un garage con un tavolino messo fuori a mo' di bancone; dietro trovo due belle signore, molto sorridenti, una più giovane e una più attempata, che preparano qualcosa dal profumo molto interessante. Sarà qui?

«*Buenos dias*, dovrei ritirare dei tacos.»

«Che tipo di tacos?»

«Eh, ho un ordine di duecento tacos, solo che non l'ho fatto io, forse non è il locale giusto.»

«No, no, qua non è. Hai ordinato da La Guera o da La Santa?»

«Eh, l'ordine è stato fatto da un'altra persona, io sono qui solo a ritirare. Dove stanno questi due negozi?»

«Se è un ordine di duecento tacos, deve essere da La Guera.»

Questa Guera deve proprio avere una sorta di industria, un negozio attrezzato per grandi ordini.

«Prova in quella casa gialla laggiù.»

L'idea di un negozio normale scompare quando con lo sguardo seguo il punto indicato dal dito della signora ed effettivamente arrivo a una casetta gialla.

«Quella casetta lì?»

«Sì.»

Vabbè, mi avvicino a piedi.

Altro garage. Giallo stavolta, e con la serranda aperta a metà, probabilmente qui fanno solo asporto. Mi affaccio e chiedo permesso. La Guera non scherza: dentro ci sono sei persone che stanno lavorando duro, sommerse da tacos e *quesadillas*.

A maggior ragione, quando compaio in mezzo al locale, il mio «*Buenos dias*» viene ricambiato con il solito sospiro.

Spiego chi sono e cosa sono venuto a prendere, ma nessuno dei lavoratori risponde. A un certo punto si apre una porta ed esce una signora con una strana capigliatura bionda che stride con i lineamenti e il colore scuro del volto; è indiscutibilmente La Guera, la bionda, appunto. Da una tasca tira fuori un fogliaccio stropicciato sul quale riesco a sbirciare vari nomi e ordini, una di quelle righe è dedicata a Laura: DUECENTO TACOS, SEICENTO PESOS. Siamo noi.

La signora, di poche parole, mi indica una serie di secchi coperti con carta d'alluminio e mi fa capire che il nostro ordine è pronto.

Dopo aver pagato, comincio a caricare i *tacos* e La Guera mi dice: «Ti devo aiutare?» Con la faccia di chi vorrebbe aggiungere: «Mo' pure sta rottura mi chiedi?»

«No, *señora*, non si preoccupi, faccio un paio di viaggi avanti e indietro.»

Ma La Guera, colta da un attimo di bontà, prende due secchi di salse e mi viene dietro.

Mentre le indico la macchina, che è rimasta vicina all'altro locale, la sento bofonchiare: «A me camminare non piace proprio...»

Qualche minuto dopo le 10, siamo a Casa Esperanza e veniamo accolti come sempre da una marea di abbracci e baci. Ogni abbraccio dura quel secondo in più del normale e ogni bacio si appoggia con più forza del solito sulle guance. Siamo appeni arrivati, ma è chiaro a tutti che il tono emozionale della giornata è profondo.

Ci mettiamo a tavola e mangiamo i nostri tacos – La Guera è davvero brava –, poi, mentre noi adulti ci facciamo una bella chiacchierata, i bambini divorano il loro piattino in un secondo tanta è la voglia di tornare ai giochi. Ovviamente, manco a dirlo, Laura ha pensato a tutto, c'è la musica, ci sono le bibite, non manca niente e nessuno.

A un certo punto, Laura chiede a tutti i presenti il favore di mettersi in cerchio perché deve dire qualcosa. Noi già piangiamo prima ancora che inizi, ma dopo appena due parole veniamo raggiunti da tutti gli altri, grandi e piccoli.

Fa un discorso bellissimo sulla famiglia e su come i bambini abbiano trovato i migliori genitori del mondo e noi i figli più eccezionali, ci ringrazia di cuore e spiega alle bambine di Esperanza che devono essere felici, perché anche se i loro *hermanos de corazon* se ne stanno andando lontano, stanno per iniziare una vita nuova e meravigliosa.

Dopo un litro di lacrime, anche noi proviamo a dire qualcosa, quelle poche cose che l'emozione ci consente.

Incredibilmente, a giro, anche le bambine vogliono esprimere il loro stato d'animo, e tutto si trasforma davvero in qualcosa che resterà indelebile nelle nostre menti e nei nostri cuori.

Ad accompagnare questo momento, arriva Maria con un grande album tra le mani. Ce lo consegna e ci dice: «Questo è un regalo per voi, fa parte della famiglia di Casa Esperanza».

Lo apriamo, ma riusciamo a leggere e guardare solo le prime due pagine, ricche di dediche, disegni e foto che raccontano la storia dei nostri piccoli dal primo giorno che sono arrivati nella casa.

Non riusciamo a trattenere le lacrime e siamo costretti a richiuderlo, posticipando la visione a un momento meno emozionante.

Viviamo sentimenti forti, ed è evidente non solo quanto siano amati profondamente i nostri bambini, ma di quanto lo siamo anche Nati e io.

Anche noi, in qualche modo, siamo entrati nella vita di Casa Esperanza, non solo da quel giorno di gennaio in cui siamo arrivati in Messico, ma da quando ormai, molti mesi fa, giunse a Laura e Maria la notizia che c'era una famiglia italiana che si era resa disponibile ad adottare questi tre angeli. Siamo entrati nei loro pensieri, nei loro discorsi e, una volta qui, anche nella loro quotidianità.

Ricordiamo i primi giorni, soprattutto il nostro relazionarci con le altre bambine, quando cercavamo di imporci di mantenere una distanza, di stare attenti alle parole da usare e dei gesti da compiere. Col tempo il nostro rapporto con loro è diventato molto bello e naturale: noi siamo semplicemente i genitori di Pao, Betty e Santi.

In un vortice incredibile di emozioni e immersi in un mare di lacrime, ci abbracciamo uno a uno, quasi senza dire una parola. Perché alla fine, non serve più.

Dopo essere saliti in macchina, dallo specchietto retrovisore osserviamo Casa Esperanza diventare sempre più piccola, fino a che giriamo l'angolo e la Casa Hogar che fa miracoli, quella che è stata la casa dei nostri figli, il rifugio dove i nostri bambini sono stati amati e coccolati, sparisce.

Ciao, Casa Esperanza. E grazie. Infinite grazie.

Martedì, 13 giugno 2023

Alle 11 in punto siamo a casa di Laura, dove ci attende la presidente dell'INF di Guanajuato.

In maniera molto gentile ci domanda come stiamo e ci chiede informazioni sugli ultimi passi burocratici che ci aspettano e quando contiamo di tornare a casa.

Dopo averle spiegato tutto, ci dice di essere lì in rappresentanza dello Stato di Guanajuato e del governatore che non è riuscito a venire.

Aggiunge che il motivo per cui voleva vederci, oltre che salutarci, è chiederci come ci siamo trovati in Messico in questi mesi, le nostre sensazioni, le difficoltà che abbiamo riscontrato. Vorrebbe capire dove e come, secondo noi, l'INF può migliorare.

È un incontro che apprezziamo, sia perché riceviamo ufficialmente un saluto dall'INF di Guanajuato sia perché vediamo che nella loro richiesta di dettagli sulla nostra permanenza in Messico c'è la voglia concreta di migliorare questo complicato e lungo iter per rendere il mondo delle adozioni più facile e umano.

Le raccontiamo tutto e ci promettiamo di restare in contatto. Dopo un'oretta di incontro, ci salutiamo. Baci e abbracci.

Tornati a casa ci chiama Francisco: è appena uscito dall'ambasciata italiana, dove ha fatto legalizzare i documenti necessari. Poi li ha mandati in Italia, all'associazione, dove erano già stati controllati e mandati a loro volta alla CAI.

Perfetto. Fran ci dice che in massimo ventiquattro o quarantotto ore la CAI ci manderà l'autorizzazione necessaria per richiedere dei visti che l'ambasciata italiana apporrà nei passaporti dei bambini.

Francisco ci chiede quindi di chiamare l'ambasciata, spiegare la situazione e prendere appuntamento, magari per venerdì 16.

Molto soddisfatti delle tempistiche, che stavolta sembrano essere quelle che speravamo, chiamiamo l'ambasciata italiana a Città del Messico.

Spieghiamo tutto e la signora ci dice di mandare la richiesta di appuntamento via e-mail, e ci lascia l'indirizzo.

«Bene, quando avremo risposta? Sa, noi vorremmo poter partire al più presto, siamo in Messico da cinque mesi...»

«Sì, sì, certo, in una settimana rispondiamo.»

«Eeehhh? Una settimana? No, no, noi vogliamo partire lunedì, massimo martedì prossimo!»

«No, no, non una settimana... meno... voi mandate un'e-mail, e poi vediamo.» Ansia.

Vabbè, già molto meno felici di qualche minuto fa, mandiamo l'e-mail richiedendo questo appuntamento e sottolineando l'urgenza.

La risposta arriva subito, vai a capire, e l'appuntamento ci viene concesso per venerdì 16 alle 10.30 del mattino, e tra i vari documenti che dobbiamo presentare all'incontro ci sono anche i biglietti per i voli di ritorno già acquistati. Altra cosa interessante: l'e-mail si chiude dicendo che dobbiamo tenere conto che al momento il sistema di erogazione dei visti è fuori servizio, ma che per la data dell'appuntamento tutto dovrebbe funzionare. «Dovrebbe.»

E niente, ritelefoniamo e ci facciamo spiegare, la tipa ci conferma tutto: per un aggiornamento del sistema di erogazione, l'ambasciata non può fare visti, ma per venerdì si stima che tutto sarà ripristinato. Mentre per i biglietti aerei, sì, dobbiamo averli acquistati, o quantomeno prenotati, perché i visti che verranno apposti sui passaporti sono validi solo per quel determinato volo.

Decidiamo quindi di segnare in agenda l'acquisto dei voli alla sera di giovedì 15. Iniziamo già a fantasticare sul nostro arrivo in Italia: sarebbe bello se fosse il 18, di domenica, così potrebbe venire tutta la famiglia al completo a prenderci!

In serata ci dedichiamo alla preparazione delle valigie.

È un momento molto significativo per noi, i bambini vorrebbero portare via tutto, ma poi decidiamo di lasciare parecchie cose per Casa Esperanza, e loro sembrano essere felici e d'accordo con noi, anche se comunque una delle valigie, alla fine, viene riempita con i giocattoli del cuore: non mancano il Transformer giallo, che aveva rischiato di restare al tribunale di Guanajuato, i peluche che mamma e papà hanno comprato appena arrivati a Celaya, i giochi in scatola con cui abbiamo passato del tempo insieme e alcuni bambolotti con cui loro dormivano a Casa Esperanza.

Dopo diverse ore, i bagagli sono pronti vicino all'ingresso. Restiamo a contemplarli in silenzio per qualche secondo: tutta la nostra vita messicana racchiusa in otto valigie e cinque zaini.

Mercoledì, 14 giugno 2023

Oggi lasciamo Celaya, la città più pericolosa al mondo, che è stata la nostra casa per tanti lunghi mesi. E con lei lasciamo la gente di Celaya, quella che ci ha aiutato tantissimo fin dal primissimo giorno, senza mai chiedere nulla in cambio.

La partenza è prevista alle 11, orario di arrivo di Fran e Luz con l'altra macchina, su cui caricheranno le cinque valigie da ventitré chili da stiva, i tre trolley da cabina e i cinque zaini.

Alle 9 passa a salutarci Maria. Come da accordi abbiamo un po' di roba che lei riporterà a Esperanza, sbrighiamo in fretta quella pratica mettendo tutto in auto e il festival delle lacrime può iniziare. La salutiamo e la ringraziamo per aver seguito i nostri bambini nella loro quotidianità, averci fatto sentire a casa ed esserci sempre stata quando ne abbiamo avuto bisogno. I bambini le vogliono bene, gliene vogliamo anche noi, ed è una di quelle figure che resteranno nel nostro cuore per sempre.

Alle 10 arriva Laura, visibilmente emozionata. Ieri le abbiamo preparato una foto di lei con i bambini e due letterine, una da parte dei piccoli e una da parte nostra, in cui abbiamo cercato di racchiudere tutta la gratitudine che sentiamo nei suoi confronti: *mission impossible.*

Laura ci ha fatto sentire di avere una famiglia qui, nel momento in cui la nostra era lontana, a tratti lontanissima. Ha cresciuto i nostri bambini per anni, ha dato loro un'istruzione, attività extrascolastiche, un'educazione, cure sanitarie, una vita dignitosa in una realtà miracolosa come Casa Esperanza.

E come la ringrazi una persona così? Una lettera? Un monumento? Le intitoli una strada? Tutto è risibile al confronto di quello che ha fatto per noi, per i nostri figli e per quello che ha fatto e farà per ogni singolo bambino che è passato e passerà per Casa Esperanza.

E così, l'ultimo incontro con Laura diventa un mare di lacrime, di abbracci, di «grazie» e di «*te quiero mucho*» sussurrati a un orecchio con voce strozzata.

La accompagniamo alla macchina, e diamo le letterine e lei, tremando, le mette sul sedile senza aprirle: lo farà quando sarà da sola, dice. Poi sale, ci guarda un'ultima volta e parte. Restiamo lì tutti a fare ciao con la mano, finché la macchina svolta a destra e scompare dietro un'altra delle grandi case di Compuertas del Campestre. Ci guardiamo negli occhi e ci rendiamo conto che stiamo pensando la stessa cosa: *Che persona incredibile abbiamo conosciuto!*

Alle 12 arrivano Fran e Luz, giusto il tempo di caricare tutte le valigie, dare un'ultima controllata per vedere se manca qualcosa, e via, si parte!

Chiudere la porta di casa è una stretta allo stomaco, così come vedere dal finestrino della macchina immagini che sai che stai guardando per l'ultima volta, e allora cerchi di osservarle meglio, guardarle più forte, affinché restino marchiate a fuoco nella memoria. Perché alla fine parliamo della piscina in cui abbiamo visto nuotare per la prima volta i nostri figli, del giardino dove li abbiamo visti infangarsi e rovinare le scarpe nuove, della strada dove li abbiamo visti correre, dello scivolo dove li abbiamo visti giocare. E così, sfrecciano via il centro commerciale, il cinema, la scuola e ogni posto racchiude una storia, un ricordo.

Tanto che, quando usciamo dal comune e superiamo la colorata scritta CELAYA che dà il benvenuto in città, nonostante sia il momento che aspettavamo da mesi, ci scopriamo dispiaciuti, perché in fondo qui resterà per sempre un pezzettino del nostro cuore, la storia della nostra famiglia inizierà sempre da qui.

Celaya, la città che racchiude in sé tutte le contraddizioni del Messico, la città delle sparatorie senza fine, del caldo allucinante, delle zanzare, del treno, delle inquietanti notizie quotidiane, ma anche delle persone incredibilmente di buon cuore e, soprattutto, luogo di nascita dei nostri bambini.

Ciao, Celaya, città più pericolosa del mondo. Ma anche casa nostra.

Giovedì, 15 giugno 2023

Ieri abbiamo deciso di fare la nostra solita fermata a metà strada a Pachuca, sia perché i bambini erano stanchi sia perché da giorni Fran ci diceva che dovevamo assolutamente provare la colazione de El Serranillo a Real del Monte, un ristorante storico gestito ormai da quattro generazioni di una famiglia realmontese pioniera nella lavorazione e vendita di *pastes* e poi di fare un giro per il pueblo. Non ce lo potevamo proprio perdere.

E visto che i giorni scorsi sono stati belli carichi di emozioni per tutti, abbiamo deciso che fosse una buona idea fermarsi all'ormai fidato hotel Gamma di Pachuca – in cui abbiamo soggiornato più volte nei nostri viaggi Celaya-Città del Messico –, per poter andare poi oggi a fare questo *desayuno* imperdibile insieme.

E così, stamattina partiamo dall'hotel senza mangiare neanche un biscottino perché, conoscendo Francisco, tra poco ci verrà presentato davanti agli occhi un tavolo stracolmo di bontà di vario tipo.

E, infatti, usciamo dal locale che stiamo rotolando. Ci siamo mangiati di tutto e siamo pronti a smaltire questo pranzo travestito da colazione con una passeggiatina tra le vie del delizioso Real del Monte che fa parte dei *pueblos mágicos* del Messico, famoso per essere storicamente una zona mineraria. Ci perdiamo prima a piedi per il centro storico e poi dietro consiglio di Francisco facciamo una corsa sul piccolo bus che fa il giro della parte alta del paese e che ci porta fino al mirador dove un buffo signore vestito da minatore ci racconta con passione la storia di questo *pueblito.* Mentre torniamo indietro verso il centro, ci chiama Fran per dirci che ci aspetta al bar che si trova nella piazza principale, già dalla voce capiamo che sta mangiucchiando qualcosa. Che strano. Ricongiunti con Fran e Luz ripartiamo tutti in direzione Città del Messico quando in auto il mio telefono squilla e noto che mi è arrivata un'e-mail.

Venerdì, 16 giugno 2023

In teoria oggi sarebbe dovuto essere il grande giorno. Quello dell'appuntamento all'ambasciata alle 10.30, per poi uscire da lì con i visti belli attaccati ai passaporti dei bambini.

E invece no, perché ieri pomeriggio ci è arrivata un'e-mail da parte dell'ambasciata italiana che ci diceva che il mitico sistema di erogazione dei visti non sarebbe stato pronto per il giorno dopo e che l'appuntamento sarebbe stato spostato a lunedì 19 giugno.

Fortuna che non avevamo ancora comprato i biglietti.

Sorvolando sulla frustrazione e il morale a terra, quello che proviamo è stupore. È mai possibile che non ne vada una giusta? E qui parliamo di ambasciata italiana, i messicani non c'entrano niente, eppure pare proprio che ci portiamo dietro una sfiga di quelle vere. Ogni step da compiere nasconde un'insidia e noi… la becchiamo sempre.

E così, la bellissima giornata decidiamo di dedicarla a risolvere il problema biglietto. Scopriamo che Iberia offre la possibilità di bloccare il prezzo di un volo per settantadue ore e per la modica cifra di 10 euro. Stupendo. Una volta scelto il volo giusto, investiremo 50 euro e bloccheremo finalmente questi benedetti biglietti.

E il volo giusto, dopo ore passate tra Opodo, Expedia e Skyscanner risulta essere quello in partenza il 22 giugno, alle 19.05, con arrivo a Roma il giorno seguente. Lo fermiamo: le settantadue ore scadranno il 19, proprio il giorno dell'incontro all'Ambasciata, alle 18.30.

Il programma quindi è di andare all'appuntamento delle 11 e, nel caso andasse tutto bene, tornare a casa e confermare in quattro e quattr'otto il volo.

Questa insicurezza relativa al fatto che il sistema erogazione visti sia pronto lunedì oppure no non ci lascia affatto tranquilli. Ormai per come stanno andando le cose, ogni passo ci spaventa e a nulla valgono le rassicurazioni di Fran che ci dice che andrà tutto bene e che siamo davvero con un piede sull'aereo. Avremmo voluto farci un bel weekend tranquillo a Città del Messico, di sola attesa e relax.

Ce lo saremmo goduti con tutti i documenti necessari e, soprattutto, con il nostro destino tra le mani, dopo lunghi mesi a dipendere da altri. Invece no, ci tocca «soffrire» fino alla fine.

Domenica, 18 giugno 2023

Nell'attesa dell'appuntamento di domani, abbiamo deciso di viverci un po' questa città che ci piace tantissimo e ci stupisce ogni giorno di più. Oggi passiamo quasi tutta la giornata nel Bosque di Chapultepec, che è pieno di attività interessanti e dove possiamo ripararci un pochino all'ombra degli alberi, visto il caldo incredibile.

Ci mangiamo un *chamoy*, visitiamo il labirinto degli specchi, la giostra con i cavalli, facciamo un giro col pedalò sul lago, camminiamo tra le bancarelle che vendono dallo zucchero filato alle borse di cuoio.

Per pranzo ci fermiamo a mangiare in un posto che fa *tortas*, facciamo l'ordine e ne vediamo arrivare cinque, grandi quasi come Santi, all'inizio pensiamo che non riusciremo mai a mangiare tutto, e invece dopo una mezz'oretta sul tavolo non rimangono che le briciole.

Nel tardo pomeriggio ci vediamo con Amelia e Celeste per salutarci prima del nostro rientro in Italia e passare un po' di tempo insieme. Ci dirigiamo in una zona nuova della città, molto moderna e chic: Santa Fe.

Amelia vuole farci assaggiare i biscotti farciti, secondo lei, i più buoni della zona.

Quindi si mette in fila da Corde's, ne prende qualche confezione di quelli ripieni di cioccolato e *cajeta* e ce li gustiamo seduti sul prato. I bambini si divertono sugli scivoli sotto lo sguardo attento di Celeste mentre noi chiacchieriamo con Amelia fino a quando, ormai sera, non arriva il momento dei saluti.

Un'altra *despedida* dura da mandare giù, perché siamo molto affezionati a loro, ma Amelia ci promette che il prossimo anno verrà a trovarci in Italia, visto che ama particolarmente la Toscana.

Lacrime, baci, abbracci, vi vogliamo bene, a presto.

Lunedì, 19 giugno 2023

Il giorno del giudizio. Oggi finalmente potremmo avere in mano tutti i documenti necessari per acquistare definitivamente il volo. Fran passerà dall'appartamento alle 10 e da qui partiremo in direzione dell'ambasciata italiana. Presi dall'ansia, verso le 9 abbiamo mandato un'e-mail per sapere se l'appuntamento è confermato e se non ci sono problemi con il sistema di emissione visti, ma al momento dell'arrivo di Francisco, puntualissimo, nessuno ha ancora risposto. Partiamo quindi con un pelo di preoccupazione, ma via, ormai siamo in ballo.

Ci presentiamo in ambasciata e ci chiedono di aspettare qualche minuto. In realtà, ne passano una ventina, poi ci invitano a entrare.

Passiamo per il controllo, superiamo il body scanner e la signora che ci accoglie inizia a controllare la documentazione che abbiamo portato. Dopo tanti mesi, è bello sentir parlare italiano. Le chiediamo quanto tempo ci vorrà a emettere i visti, e la signora ci risponde con un sinistro: «Dipende, non so se il sistema erogazione visti ha ripreso a funzionare».

Pelle d'oca. «Ah...»

«No, ma tranquilli. Alla peggio lo faccio a mano!»

Il che significa due cose: la prima è che oggi avremo sicuramente i visti e la seconda è che probabilmente allora si potevano fare anche venerdì scorso.

La signora ci dice di attendere «un po'» nella grande sala in cui siamo e se ne va.

Dopo un'attesa di un paio d'ore, torna trionfante con i passaporti dei bambini in mano e ci becca mezzi addormentati sul divano.

«Scusate, vi eravate addormentati?»

Abbiamo un sonno che manco la bocca riusciamo ad aprire. «Ma no, certo che no, ci eravamo solo un attimo rilassati.»

La frase esce così biascicata che nessuno nella stanza crede a quanto detto, la signora sorvola e apparecchia i passaporti sul tavolo mostrandoci i tre visti. Vittoria!

È un momento importante, da questo istante abbiamo di nuovo il destino nelle nostre mani, non dipendiamo più da nessuno! Vogliamo partire stanotte? Possiamo farlo! Vogliamo restare un'altra settimana a Città del Messico a fare i turisti? Si può anche quello! Oppure andiamo a Cancún qualche giorno prima di partire? Se vogliamo, sì!

E così, con ritrovata gioia nel cuore, usciamo dall'ambasciata ed è stupendo vedere che la nostra gioia è condivisa da Francisco che, quando ci vede uscire dalla struttura con il pollice alzato, comincia a esultare come se avesse appena vinto la Champions League. Sono stati mesi duri anche per lui, che si è ritrovato a fare non solo il referente dell'associazione ma anche il punto di riferimento di italiani in Messico, il fornitore di auto, il babysitter di un'intera famiglia, spesso l'autista. Ma quando ci corre incontro per abbracciarci emozionato, scopriamo che non è niente di tutto questo. Fran è semplicemente un amico contento che sta gioendo con noi, e quell'istante non lo dimenticheremo facilmente.

Ci ricomponiamo un pochino e chiediamo a Francisco e Luz di accompagnarci a casa, perché abbiamo ancora un'ultimissima cosa da portare a termine: dobbiamo confermare la prenotazione del volo, sono le 15 e abbiamo ancora tre ore e mezza di tempo, ma, vista l'aria che tira da mesi, è meglio togliersi di mezzo l'impegno e non pensarci più.

Sono le 17.30 e, dopo due ore e mezza di tentativi, il sito di Iberia continua a non funzionare. Manca un'ora alla scadenza della prenotazione e non riusciamo a confermarla, ogni pagamento viene rifiutato.

Il conto alla rovescia è iniziato, mancano sessanta minuti, dopodiché perderemo la prenotazione e dovremo cambiare giorno di volo e soprattutto i visti che ci sono stati appena concessi andrebbero rifatti con la data del nuovo biglietto aereo.

Non riusciamo a capire come mai ci venga rifiutato il pagamento con qualsiasi tipo di carta proviamo a inserire.

Deve esserci un problema con il sito. Sicuramente un problema che una semplice chiamata all'assistenza di Iberia potrebbe risolvere. Ahah!

Niente, proviamo a pagare con bonifico dal conto di Natascia.

PAGAMENTO RIFIUTATO.

Cazzo.

Proviamo con bonifico dal mio.

PAGAMENTO RIFIUTATO.

Inseriamo tutte le carte che abbiamo a disposizione, ma niente, al momento del pagamento si blocca sempre tutto.

Proprio mentre stiamo pensando alle alternative, ritentiamo con una delle carte con cui abbiamo già provato venti volte. Attenzione!

PAGAMENTO ACCETTATO, pare. A conferma arrivano un paio di e-mail da Iberia, le apriamo: voli confermati, mancavano venticinque minuti alla fine della prenotazione.

Non sia mai che ne esce una facile, eh…

Sudati come non mai, chiudiamo il computer e realizziamo che sì, abbiamo i voli di ritorno: giovedì 22 giugno, partenza da Città del Messico, scalo a Madrid e arrivo venerdì 23 a Roma. E atterreremo belli in forma, perché nelle ultime tre ore abbiamo perso circa tre chili a testa!

Martedì, 20 giugno 2023

In mattinata ci vengono a prendere i soliti Francisco e Luz.

Abbiamo deciso di lasciare Città del Messico e soggiornare le ultime due notti a Pachuca, perché il nostro referente è da gennaio che ci invita dalle sue parti e gli avevamo promesso che ci saremmo andati quando tutto si fosse sistemato e avremmo potuto essere più tranquilli e rilassati. E l'identikit di quella giornata assomiglia proprio a quella odierna.

Francisco e Luz passano dall'appartamento e carichiamo tutte le valigie, per l'ennesima volta.

Alcune vengono ammassate nel portabagagli, mentre le altre vengono legate al tetto del mezzo di Fran con corde ed elastici di vario tipo e con nodi a dir poco creativi.

Ci avviamo verso Pachuca col cuore leggero di chi si va a fare un paio di giorni di relax con amici.

Durante il viaggio facciamo uno stop di almeno mezz'ora in una piazzola per comprare dei gelati – le famose *nieves*, che secondo Fran non potevamo non assaggiare –, arriviamo al solito hotel Gamma e scarichiamo tutte le valigie. Risaliamo nella macchina di Francisco diretti verso il centro città tra una risata e l'altra, quando improvvisamente tutto cambia.

Stavolta il suono dell'idillio che finisce è quello della notifica di un'e-mail in arrivo. Due e-mail, una sul mio cellulare e una su quello di Natascia, che arrivano contemporaneamente. Ci guardiamo e già ci rendiamo conto che può essere solo una brutta notizia.

«Scusa, ma non avevamo pagato i biglietti con la prepagata? Hanno prelevato i soldi dell'acquisto dei voli anche dal mio conto personale» dice Natascia controllando lo schermo.

E io: «Cazzo, anche dal mio. Abbiamo pagato i voli tre volte! Fran...»

«Sì, ho capito. Torniamo in hotel.»

E così facciamo, ritorniamo in camera e ci attacchiamo al telefono. Iberia dice che al momento non vede il triplo pagamento e che ci conviene aspettare un paio di giorni che si contabilizzi il bonifico oppure chiamare la nostra banca. Sì, peccato che per riuscire a parlare con qualcuno dovremo attendere la mattina italiana, in pratica il cuore della notte qui da noi.

Niente, ne deve succedere una dietro l'altra fino all'ultimo secondo della nostra esperienza messicana. Adesso ci tocca mettere la sveglia alle 2 del mattino per poter parlare con la banca che sicuramente non risolverà manco mezzo problema. E, infatti, è proprio così che va: nessuno sa niente, nessuno può fare niente, nessuno riesce a vedere niente, che non sai più se dare la colpa a Iberia, alla banca, al Messico o a noi stessi che siamo così tonti che ci svegliamo alle 2 per parlare con questi. Nel mentre, i bambini, ignari di tutto, ronfano che è una meraviglia.

In breve, i bonifici ci mettono qualche giorno a rendersi effettivi e ad arrivare definitivamente a destinazione. Al momento questi soldi non sono né nei nostri conti e neppure in quello di Iberia, ma evidentemente vagano in un limbo sconosciuto e sono invisibili e introvabili, e non ci resta che aspettare per capire se torneranno alla base o si troveranno a proprio agio nel conto di Iberia e lì decideranno di restare, obbligandoci a quel punto a chiedere un rimborso alla compagnia spagnola.

Insomma un bel grattacapo che dovremo risolvere appena tornati a casa, al momento una sola cosa è certa: siamo con i conti a 0 euro e incazzati neri.

Per fortuna i biglietti sono stati emessi e, visto che non siamo mai andati a letto, decidiamo di fare il check-in e non pensarci più.

Mercoledì, 21 giugno 2023

Smaltita la rabbia, o meglio, preso atto che tanto non c'è altro che possiamo fare al momento, oggi decidiamo di prenderci, se ce la si fa, un giorno di relax e andare con Francisco e Luz a fare un giro per i dintorni di Pachuca.

Fran e Luz hanno già programmato tutto, del resto aspettano questo momento da quando siamo atterrati.

Ci portano al Bosque de las Truchas, a Huasca de Ocampo, nello stato di Hidalgo, nel cuore del vero Messico, un posto immerso nel verde dove viene allevata la trota e dove si può camminare nei sentieri e, ovviamente, mangiare qualcosa.

Manco a dirlo, il motivo principale per cui Fran ci ha portati qui è il pranzo.

E quindi, dopo una passeggiata, un giretto in barca a remi sul lago, e tante risate, ci avviamo verso uno dei ristoranti del bosque.

Il nome del ristorante è già una garanzia: Mi casa. Entriamo, scegliamo un tavolone e ci accomodiamo.

Fran, da bravo *local*, dopo aver chiesto il permesso, si occupa di ordinare per tutti, e lo fa come se a tavola fossimo in cinquanta. Ci fa assaggiare dei piatti locali molto buoni tra cui anche un piatto di vermi e delle uova di formica. Superata una certa barriera data soprattutto dal fatto che i vermi lì sul piatto sono davvero orribili da vedere, addentiamo anche la pietanza più strana e scopriamo che è tutto, TUTTO, davvero molto buono. Chi l'avrebbe mai detto?!

Dopo pranzo, facciamo un giro in centro città e ci sediamo di nuovo, stavolta in un bar, a chiacchierare e a bere degli ottimi caffè.

Tornando verso l'hotel passiamo per Huasca, il primo *pueblo mágico* del Messico, e ci fermiamo per assaggiare un liquore tipico.

E così, il nostro ultimo giorno in Messico, almeno quello, risulta essere proprio come lo desideravamo: rilassato, tranquillo, tra amici e risate. Torniamo in hotel.

È la nostra ultima notte in Messico, i bambini sono su di giri, noi non siamo da meno.

Betty durante la cena vuole dire due parole – lei è la regina dei discorsi –, alza il bicchiere con un goccio di Coca-Cola, che è stato loro concesso per festeggiare il momento, e dice: «Domani è la prima volta dei tre fratelli in aereo. Siamo molto nervosi ed emozionati, perché finalmente siamo una famiglia completa!»

Tratteniamo le lacrime, ma il cuore sta esplodendo di amore.

Giovedì, 22 giugno 2023

Il giorno che sognavamo da mesi. No, il giorno che sognavamo da anni, da quando nel 2016 abbiamo consegnato la nostra richiesta per iniziare le pratiche per ottenere l'idoneità all'adozione. Da quel momento abbiamo immaginato il giorno in cui saremmo saliti con i nostri figli sull'aereo che ci avrebbe riportati a casa, per dare il via all'inizio della nostra nuova vita.

Ed eccolo qua, finalmente, il lontanissimo, irraggiungibile giorno del nostro volo di ritorno, oggi, alle 19.05 il nostro aereo decollerà e lasceremo il Messico con destinazione Europa.

Chiudiamo le valigie, indossiamo i vestiti che ci siamo comprati qualche settimana fa proprio per il viaggio – pantaloni color panna per tutti –, facciamo il check-out e Francisco e Luz ci vengono a prendere alle 13.

La tensione è palpabile, per tutti, adulti e bambini.

Il primo sogno si infrange ancor prima di salire in macchina: non arriveremo in Italia vestiti tutti a tono, perché i miei pantaloni color panna si strappano dal cavallo fino al ginocchio mentre salgo uno scalino. Ora, va bene che sono costati poco, ma hanno retto praticamente per il tragitto dalla camera dell'hotel fino alla macchina, qualcosina di più in termini di qualità ci si aspettava.

È tanta l'ansia che, quando Fran mi chiede se voglio andare a cambiarmi, dico: «No, siamo in ritardo, mi cambierò in aeroporto» e decidiamo di partire così, alla volta dell'aeroporto Benito Juarez, con il padre dei bambini che sembra uno che si è messo uno straccio addosso.

Arrivati chiamiamo un *maletero* che ci aiuti con le valigie, perché sono effettivamente tante.

Il signore si avvicina e carica su un carrello le cinque valigione e ci segue attraverso il terminal delle partenze. Arriviamo al check-in e, dopo aver fatto la fila, è il nostro turno.

Siamo un pochino tesi, perché sappiamo di avere un limite di ventitré chili a valigia e sappiamo bene che ce n'è almeno una che pesa come un morto. E infatti, alla terza valigia...

25,8 chili.

Cazzo!

Il ragazzo dice: «Dai, pesiamo le altre e poi vediamo come fare».

Mettiamo su la quarta valigia: 24,4 chili.

E qui il ragazzo allarga le braccia come a dire: «Raga, io ce la metto tutta, ma voi pure, però!!!»

La quinta valigia pesa ventidue chili, quindi il nostro amico ci suggerisce di spostare un paio di chili in quelle meno pesanti.

Zuppi di sudore cominciamo il «travaso» quando ci rendiamo conto che il *maletero* è ancora lì in attesa della sua giusta mancia. Cerco in una tasca dei pantaloni (sono sempre quelli strappati), pesco una banconota non definita e gliela metto in mano, e probabilmente è molto poco perché l'occhiata che ci lancia il signore prima di andarsene è quella che inconfondibilmente significa «ammazza, che pezzenti».

A travaso finito, torniamo a pesare le valigie. Insomma...

È evidente che ormai il tipo del check-in ormai non ne può più di noi e ci dice che va tutto bene. Ma non possiamo ancora tirare il classico sospiro di sollievo, perché aggiunge che prima di imbarcarci dobbiamo andare al box immigrazione e farci timbrare i passaporti, quelli europei di noi genitori, perché manca un timbro.

E che cavolo, manca sempre qualcosa!!!

E quindi, via! Tutti di corsa al box immigrazione a chiedere 'sti timbri, che per fortuna arrivano senza troppi problemi.

Bene, abbiamo tutto, e possiamo passare per la zona controllo di sicurezza, quella off limits per gli accompagnatori.

Questo significa che è il momento, dopo cinque mesi, di salutare Fran e Luz, che ci hanno accompagnati fin lì, in tutti i sensi.

È l'ennesimo addio doloroso di tutta questa storia, ci siamo affezionati a loro, i bambini li adorano e siamo certi di aver trovato non solo delle persone eccezionali, ma anche degli amici con cui continueremo a restare in contatto.

Come successo più volte in queste ultime settimane, siamo di nuovo di fronte a persone cui saremo grati per tutta la vita, e facciamo fatica a esprimere tanto sentimento con le parole. Non ne troviamo di adatte. E così, ci affidiamo a sguardi intensi e abbracci senza fine e con gli stessi veniamo ricambiati. In fondo, a volte, è proprio vero che le parole non servono a niente.

Cerchiamo in qualche modo di ricacciare le lacrime indietro e ci mettiamo in coda per il controllo. Ci giriamo di nuovo, e Francisco e Luz non ci sono più. Grazie di tutto.

Una volta arrivati al gate è il momento di fare due cose: la prima è andare a comprare da mangiare e da bere, perché siamo tutti affamati. Per fortuna lì vicino c'è un baretto e Natascia torna con qualche panino e un po' d'acqua. La seconda cosa è cambiarsi i pantaloni...

Mancano pochi minuti alla partenza, stiamo salendo sull'aereo. I bambini hanno una meravigliosa espressione di sorpresa ogni volta che girano lo sguardo verso qualsiasi cosa, e quell'espressione ci ripaga di ogni singolo momento difficile che abbiamo vissuto, di ogni montagna che abbiamo scalato. Ne è valsa la pena.

La formazione è: Santi e io nei due posti della fila 41, Nati con Betty e Pao appena dietro, nella fila 42. I bambini sono eccitati ma educati, si allacciano le cinture, ascoltano le nostre istruzioni e non capiscono perché l'aereo non sia ancora decollato. A nulla valgono le nostre spiegazioni: per loro l'aereo dovrebbe volare e invece stiamo ancora a terra.

La svolta arriva quando la hostess porta gli auricolari, ognuno dei cinque trova il suo film preferito e tutti ci mettiamo a guardare qualcosa in attesa del decollo, i bambini vengono completamente rapiti chi da Bumblebee, chi da Elsa, chi da Rapunzel. Non chiedono più quando partiremo, anzi, a un certo punto, stando quasi sdraiata nella sua poltrona e con le cuffie enormi che le coprono mezza testa, Betty se ne esce con un eloquente: «Ah, questa sì che è vita!»

E finalmente, dopo una serie infinita di manovre per posizionare l'aereo, sentiamo il classico rombo dei motori che si accendono sul serio. E allora prendiamo velocità e, piano piano, ci stacchiamo da terra, sempre più in alto, fino a che restiamo a bocca aperta guardando la sconfinata Città del Messico sotto di noi.

Stiamo davvero lasciando questo meraviglioso Paese che è stato la nostra casa per tanto tempo, e ci rendiamo conto che saremo per sempre legati a questo posto, lo adoreremo e lo detesteremo, lo criticheremo ma lo difenderemo con le unghie e con i denti se qualcuno oserà parlarne male. Proprio come si fa con tutto ciò che si ama.

Perché, pure se in questo momento vogliamo solo tornare a casa, lo sappiamo bene che a un certo punto, quando in Italia avremo ripreso la nostra routine e tutto sarà tornato alla normalità, il Messico farà capolino nei nostri pensieri, magari sotto forma di un «però un po' mi manca la nostra casa di Celaya» o «certo che un paio di tacos adesso me li farei volentieri». Piccole tracce di Messico qua e là.

Sì, si insinuerà così un po' a sorpresa nelle nostre teste, sempre di più, fino a che, con il passare del tempo le tracce saranno così tante e così dolci da seguire che, ripensando a questa incredibile avventura, non potremo far altro che dire: «*Que viva México!!!*»

Venerdì, 23 giugno 2023

Dopo dodici ore di viaggio, arriviamo a Madrid: il primo volo, quello lungo, è andato. Problemi coi bambini zero, sembra che abbiano preso aerei da tutta la vita.

Pao non ha dormito un secondo, tra curiosità, giochi, musica, cartoni animati, pasti e spuntini, mentre Betty qualche ora di sonno se l'è fatta. Non fa testo Santi che dopo aver visto *Transformers - La vendetta del caduto* si è tolto gli auricolari e si è messo a dormire come se fosse nel suo letto, tanto che ho dovuto svegliarlo a un'oretta dall'atterraggio.

In terra spagnola, mentre camminiamo a una certa velocità visto che l'aeroporto di Barajas è gigantesco e abbiamo solo un paio d'ore di scalo, i piccoli sono belli scattanti mentre la grande si trascina come una che effettivamente non ha chiuso occhio.

Passati tutti i controlli senza alcun problema, arriviamo al gate e cominciamo a realizzare che stiamo per tornare a casa. Cavolo, tra tre ore riabbracceremo i nostri cari, e i nostri figli finalmente conosceranno i loro nonni, i loro zii, i loro amici.

C'è un misto di gioia incontenibile e strana paura.

Betty continua a ripetere che tra poco la «famiglia sarà al completo».

È una frase che non abbiamo pronunciato noi, e sentirgliela dire così tante volte da così tante ore ci riempie di tenerezza. Vuole proprio la sua famiglia al completo.

Salendo in aereo, i due piccoli sono un po' delusi dal fatto che sia meno spazioso dell'altro, mentre Pao ha così sonno che potremmo metterla anche in una scatola di tonno che non se ne accorgerebbe.

Troviamo i nostri posti e allacciamo le cinture, sempre più tesi e nervosi.

In pochi minuti siamo nei cieli spagnoli, ci rilassiamo e ci godiamo altre due ore di volo.

Probabilmente è per via di qualcosa legato al fuso orario, ma volare mi dà sempre l'impressione di vivere un momento che va oltre il tempo: le ore in volo è come se fossero del tempo che non esiste, come se si mettesse la vita in pausa.

E quando si ha la vita in pausa viene naturale pensare a tutto ciò che è successo prima di quella pausa e tutto ciò che succederà quando torneremo a premere play alla nostra vita. E così, ripensando a quanta strada abbiamo fatto e quanta ancora ne abbiamo da fare, non ci accorgiamo che è il momento di allacciare di nuovo le cinture perché stiamo per atterrare.

Sotto di noi l'Italia, casa nostra, il Paese che critichiamo da matti ma che è l'unico posto in cui sognavamo di tornare in questi mesi.

Sotto di noi la nostra famiglia, che ci aspetta con le lacrime agli occhi e le braccia spalancate.

Sotto di noi la nostra nuova vita. Una vita sognata, voluta, cercata.

Si apre il carrello, scendono le ruote, tocchiamo terra.

Io e Nati sorridiamo e ci guardiamo negli occhi, perché solo noi potremo sapere come ci siamo sentiti, che cosa abbiamo davvero vissuto, cosa è successo in tutti questi anni e i sacrifici che abbiamo fatto.

E ripensiamo a quando siamo partiti, a quanto è stata dura, a quante volte, stremati, abbiamo immaginato di rinunciare ma in realtà, nel profondo del cuore, mai troppo seriamente.

Pensiamo ai momenti belli e a quelli bui, a quando vedevamo questo giorno così lontano, a quando ci domandavamo se saremmo stati all'altezza.

Pensiamo alle altre coppie, a quelle che sono partite insieme a noi e stanno ancora aspettando, ma anche a quelle che hanno rinunciato.

Pensiamo ai nostri figli che con coraggio e determinazione, senza lamentarsi, sono riusciti ad affrontare uno dopo l'altro tutti gli ostacoli che la vita ha posto sul loro cammino.

Pensiamo a quanto tempo è passato da quando abbiamo iniziato questo percorso e pensiamo che d'ora in poi sapremo rispondere alla domanda più difficile di tutte: quanto tempo ci vuole per trasformare un sogno in realtà?

Ora lo sappiamo: 7 anni, 5 mesi, 5 giorni.

Finito di stampare nel mese di aprile 2024
su carta holmen
con fibra vergine proveniente da foreste sostenibili holmen.com/paper
presso Grafica Veneta S.p.A.
Via Malcanton, 2 – Trebaseleghe (PD)
Printed in Italy

Certificato PEFC
Questo prodotto è realizzato con materia prima da foreste gestite in maniera sostenibile e da fonti controllate
PEFC
PEFC/18-31-226
www.pefc.it

Piemme usa carta certificata PEFC
che garantisce la gestione sostenibile delle risorse forestali

GRAFICA VENETA
GV CARBON NEUTRAL

Questo libro è fabbricato da Grafica Veneta S.p.A.
con un processo di stampa e rilegatura certificato 100% carbon neutral
in accordo con PAS 2060 BSI